Políticamente incorrecto

*La gran cama nacional
de la A a la Z*

Nik

Políticamente incorrecto

La gran cama nacional
de la A a la Z

EDITORIAL SUDAMERICANA
BUENOS AIRES

PRIMERA EDICION
Julio de 2001

TERCERA EDICION
Agosto de 2001

IMPRESO EN LA ARGENTINA

*Queda hecho el depósito
que previene la ley 11.723.*
© *2001, Editorial Sudamericana S.A.*®
Humberto I 531, Buenos Aires.

www.edsudamericana.com.ar

ISBN 950-07-2086-8

A María Angélica, Pedro, Laura y Hernán
A Laura
A Inés y Jorge
A los lectores que me hacen llegar tantas muestras de afecto
A los políticos, sin cuya involuntaria colaboración
este libro no hubiera sido posible.

ECONÓMICAMENTE... ¡NOS VA COMO LA MONA!

Se crió entre gorilas que le hicieron olvidar su origen peronista. Ahora se va por las ramas porque en Diciembre se le corta la liana...

TARCHANT

La historia de un ex-simio mandatario...

... que gobernó para las jirafas (Los más cogotudos)

¡Vamos a quedar todos colgados de la palmera, a los saltos, en taparrabos y a los gritos!

Un dibujito animado con docentes y jubilados pintados, con capitalismo salvaje lleno de animaladas, peros sins mosca...

¡QUE SUERTE QUE TENEMOS A JANE Y NO A MARÍA JULIA! ¡SI NO SE NOS QUEMABA LA SELVA!

¡EDUQUEN BIEN A MIS CRÍAS PARA QUE SOBREVIVAN EN LA JUNGLA MONETARIA QUE LES DEJO!

¡El cocodrilo de Tarchant está en el bolsillo de Roque!

¡LOS FUNCIONARIOS MANCHADOS QUEREMOS DAR EL ÚLTIMO ZARPAZO!

DIGA LA VERDAD... ¿CON ESTOS ESPECÍMENES NO SE SIENTE UN GANSO?

DICEN QUE NO HAGO REÍR NI A LAS HIENAS...

¡ESTOY A 100 PASOS DE LA CHOZA ROSADA!

¡TU COMITIVA ES UNA MANADA, TARCHANT!

TE VOY A CONSEGUIR UN JÍBARO, EDUARDITO... PARA QUE TE REDUZCA ESA CABECITA...

¿DÓNDE ESTA CHITA, DIGO ... CHICHE?

DALE, FER... NO SEAS TAN ABURRIDO... ¡HACE ALGUNA MONERÍA!

por Nik

¡Hay que pasar las vacaciones de invierno! (Dijo el chanchito)

¿VAMOS A TENER QUE PAGAR EL "MONO" TRIBUTO?

¡SOY EL ELEFANTITO GOSTANIAN Y ESTOY CON TROMPA PORQUE SE ME ACABA EL CURRO!

10

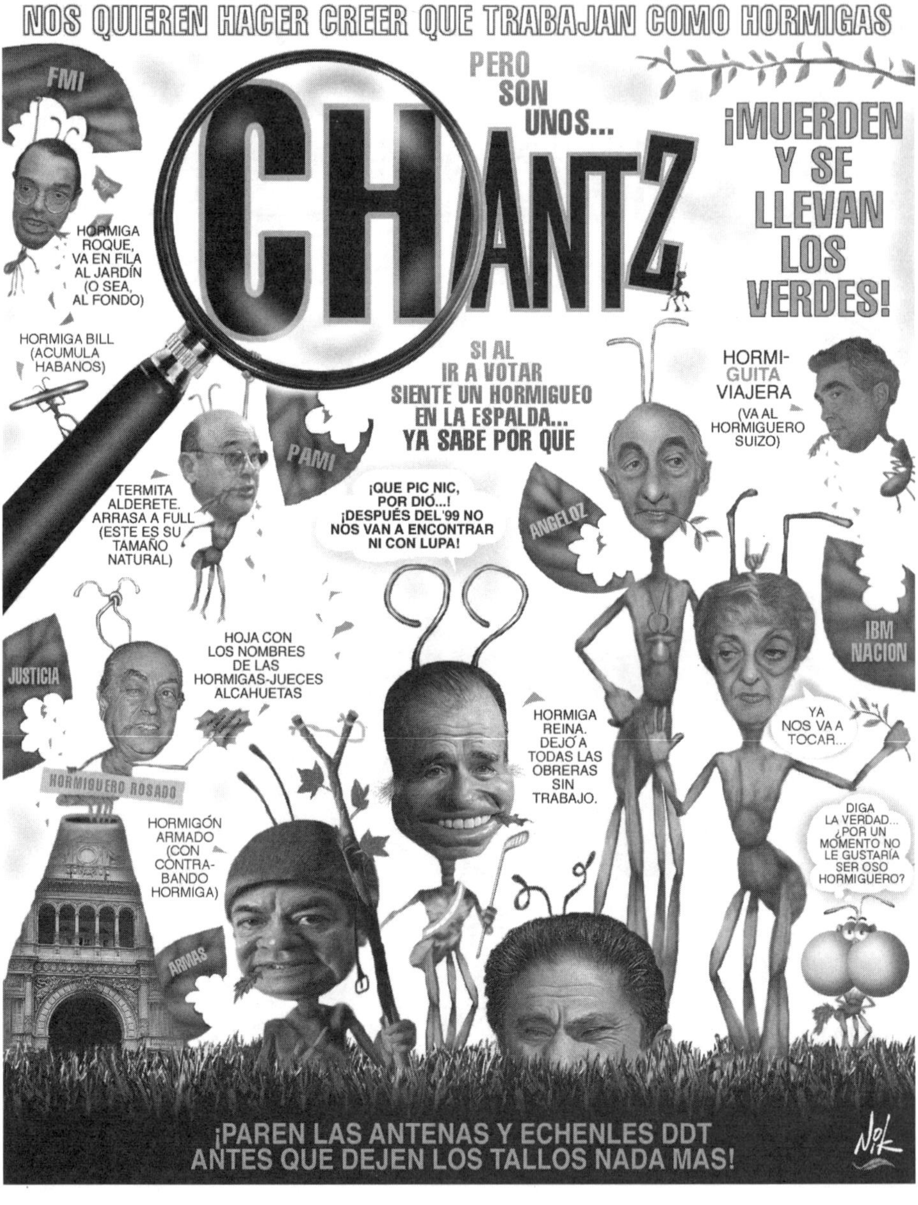

NOS QUIEREN HACER CREER QUE TRABAJAN COMO HORMIGAS

PERO SON UNOS... CH ANTZ

¡MUERDEN Y SE LLEVAN LOS VERDES!

FMI

HORMIGA ROQUE, VA EN FILA AL JARDÍN (O SEA, AL FONDO)

HORMIGA BILL (ACUMULA HABANOS)

SI AL IR A VOTAR SIENTE UN HORMIGUEO EN LA ESPALDA... YA SABE POR QUE

HORMI-GUITA VIAJERA (VA AL HORMIGUERO SUIZO)

PAMI

TERMITA ALDERETE. ARRASA A FULL (ESTE ES SU TAMAÑO NATURAL)

¡QUE PIC NIC, POR DIÓ...! ¡DESPUÉS DEL '99 NO NOS VAN A ENCONTRAR NI CON LUPA!

ANGELOZ

IBM NACION

JUSTICIA

HOJA CON LOS NOMBRES DE LAS HORMIGAS-JUECES ALCAHUETAS

HORMIGA REINA. DEJÓ A TODAS LAS OBRERAS SIN TRABAJO.

YA NOS VA A TOCAR...

HORMIGUERO ROSADO

HORMIGÓN ARMADO (CON CONTRA-BANDO HORMIGA)

DIGA LA VERDAD... ¿POR UN MOMENTO NO LE GUSTARÍA SER OSO HORMIGUERO?

ARMAS

¡PAREN LAS ANTENAS Y ECHENLES DDT ANTES QUE DEJEN LOS TALLOS NADA MAS!

Nik

Animaladas '99

por Nik

El patriarca de la UCR. Empolló la democracia, el pacto de Olivos y a Mazzorín. Pero ya no quiere que le rompan más...

Caracoles sindicalistas. Son una especie llamativamente lenta con los derechos de los trabajadores pero muy veloces para hacerse su casita. Paran las antenas cuando detectan fondos de obras sociales.

Mrs. Piggy, especie en vías de extinción. Se alimenta a base de margaritas barilochenses. Pasó diez años en función, pero la culpa no es de ella sino del que le da poder.

Los pajarones migratorios, aves que vuelan de un nido a otro por los cambios de clima (políticos). Buscan nidos más grandes y seguros, abandonando aquellos en los que ya se le volaron las ramas...

El Chupetus Magallanis, un candidato cálido, ardiente, fogoso, que sabe calentar la campaña

13

THE NATIONAL POLITICS

Salvajadas '99

Chupetus capitalis radichetus
Bípedo divertido y saltarín del hábitat porteño con tendencia migratoria a la Rosada.

Batragraciela lengualarguis

CocoRoque ChupaFondis
Temible por su voraz mandíbula impositiva. Depredador de la clase media.

Pezchachus
De cardumen frepasista. Por la boca muere.

Coralechuzus Alcahuetus Servilletis

Anfibio de sangre fría y veneno mortal para compañeros de fórmula

SE VIENE UN 99 MUY FIERO...

Ave rapaz nocturna (y diurna) con nido en Casa de Gobierno. Rapiña preferida: ovejas proletarias, maestros y jubilados.

El Gran Mono adiestra a su cría para las internas salvajes en la feroz selva electoral.

14

Solo una mujer podrá deternerlo...
SIGOURNEY MEIJIDE
¡Dios Mío!
¡¡Es más fea
que yo!!
Una monstruosidad
jurídica llega del más allá...
CHARLIEN
LA RE-RESURRECCION
¡Detente, Charlien!
¡Estás proscripto!
¡¡Se me cae la
baba por el
sillón!!
Fin de siglo.
Todos creían que el
Presidente había declinado
sus aspiraciones.
Pero Charlien había
dejado huevos en las
catacumbas de la Rosada.
Un experimento de
clonación multiple
en la Corte Suprema
crea Charliens de una
tremenda voracidad
anticonstitucional.
Ahora sólo ella podrá detenerlos...
Nik
GRAN EXITO-ALTO TRIBUNAL II-ULTRA ALCAHUETE III-ATLAS RE-RE-RECOLETA

LOS GATOS DEL 2000

LOS PEINADOS PRESIDENCIALES QUE SE VIENEN...

El peinado de Palito canta a dúo con su dueño: el de arriba será un gato pero el de abajo es un perro. Los veterinarios no comprenden por qué el animal saca la lengua. Tampoco dejan de asombrar los furcios del minino: en vez de "miau", dice "guau"...

La comicidad y el carisma de De la Rúa mantienen a su peinado siempre activo, dinámico y vivaz. Festeja sus ocurrencias con un profundo ronroneo...

La extensión capilar de Duhalde requerirá de más de un coiffeur: el jardinero del botánico. Como muestra la imagen, tiene asegurada una aguda visión nocturna para gobernar hasta las 3 de la mañana.

Brillante pero muy resbaladiza resulta la plataforma capilar del Dr. Cavallo, cuyo peinado no consigue estabilidad porque no tiene de dónde agarrarse...

El sueño de toda su vida, ser rubio y de ojos celestes, se concreta con esta nueva especie: el **Gato Mersa**, mullido y canoso para el 2003...

¡DESREGULARON EL MERCADO Y ME MATÓ LA COMPETENCIA!

Nik

16

17

Gane quien gane, todos mantendrán el mismo plan económico, todos seguirán los lineamientos del FMI. Por eso, llegan a la Argentina...

WALL $TREET BOY$

Los

Todos prometen seguir
con la convertibilidad,
la estabilidad, la paridad...
Son todos prometedores...
Son, son...

**¡Son todos
iguales!**

¡HI, MEN... *EM!*

Los cinco integrantes
del célebre conjunto
(que es puro grupo)
Ellos son: Al (varez),
Abu (rrido), Pel (adin),
Sab (iola) y Pal
(abreviatura de Palito,
no se animaron a abreviar
Ortega)

GUARDA CON
LOS FURCIOS,
PALITO...

¿NOSOTROS
NO SOMOS LOS
"WALL STREET
JOURNAL"?

Comienzan
su gira:
"De New York
a Fuerte
Apache"

Representados
artísticamente
por George
Soros

RECIBEN
LA LETRA EN
INGLÉS, LES
HACEN EL VERSO
Y A NOSOTROS
NOS CANTAN LOS
IMPUESTOS...

¡A ESTE MODELO
LO PARÍ YO!
¡SE PORTA MAL
PORQUE NO ESTÁ
CON MAMI!

DICEN QUE
SOY UN
BORING BOY...

Presentan
su hit:

**"I want it
that way"
(Michael
Camdessus)**

¡Prometiendo
aumento a los
docentes y jubilados
son los cinco grandes
del buen humor!

Y siguen
sus hits
musicales:

"No sé cómo sacármela
de encima" (La recesión)

"Up, up and up!"
(La desocupación)

"I will have a little problem"
(Voy a heredar flor de balurdo)

"Half a dolar"
(No hay un mango partido al medio)

¡Chicas,
reclamen
el poster!
(Porque
para las
decisiones
económicas
van a estar
pintados)

Nik

18

Grandes Sobras del Arte Postmenemista

La obra cumbre del excéntrico pintor riojano Salvador Salí (de Olivos), ***Pelotitas de golf derretidas en el valle de Anillaco***. Oleo pintado sobre el lienzo de refacciones de la Casa Rosada después de llevarse toda la tela. En el fondo se aprecia la surrealista pista de aterrizaje, mientras que el uso metafórico de los colores boquenses en el cielo expresa que el ex presidente siempre jugó para la oposición.

La Gioconda menemista, óleo sobre zorro extinguido expuesto en el museo de arte corrupto de Nueva York. Se destaca la figura central por el gesto de su boca: parece seria frente al periodismo pero hace diez años que se nos viene matando de risa. Sobre el fondo quemado resalta el personaje, paradójicamente quemado por los fondos reservados. Obra apreciada por la crítica debido a la utilización, además del conocido "esfumé", ▼ de la innovadora técnica del "chamusqué".

¡ NOS FUE COMO LA MONA !

*"**Les vendí cualquier verdura**"*, autorretrato simbólico del artista Charlinboldo. Podemos observar sus patillas de espigas, la cabeza fresca como una lechuga, y su nariz a la que le importa un pepino seguir creciendo. Por supuesto, con la Bolocco está del tomate...

19

EL DIVO MAXIMO DE LA POLITICA NACIONAL VUELVE A LA PANTALLA GRANDE

SUSANA GIMENEM

Chupete es...
LUIS BLANDONI
(Llevar almohada)

Duhalde es...
RODOLFO YANI
(Ya ni llega a presidente de Banfield)

Ruckauf es...
BETIANA ¡PUM!
(Quiere meter bala)

¡VIVEN A **COSTILLAS** NUESTRAS!

A PALITO LO TIENEN ESCONDIDO Y CON UNA FLOR EN LA BOCA (PARA QUE NO CANTE)

¡IÓ SOY LA SUPER ESTREIA DE LA YOSADA! ¡SAQUENME A TODAS ESTAS CHIRUSAS DE AL LADO! ¡IÓ VUELVO EN EL 2003!

¡SOS UNA FAYUTA! ¡ME BESAS A MÍ PERO LE GUIÑAS EL OJO AL CHUPETE!

SUSI... ¡PASAME LAS PASTILLAS ADELGAZANTES, PORQUE LAS ENCUESTAS DE LA ALIANZA SIGUEN ENGORDANDO!

¡MANO DURA... PERO SOBRE TODO... CARA DURA!

¡SIGUEN SUBIENDO EN LAS ENCUESTAS POR ESA MALDITA COSTILLA DE ALFONSÍN!

¡Entre ellas se tiran flores, revolotean avispas, y a nosotros nos da alergia!

EDUARDO... ¡SI TE SEGUÍS ARRIMANDO A ÉSTA VAS A TERMINAR PEOR QUE ROVIRALTA!

En el gabinete tiene al "corcho" Corach y una manga de "susanos" alcahuetes...

¡DESPUÉS DE DICIEMBRE LES VA A QUEDAR **FLOR** DE RECESIÓN!

ESA MALDITA PATILLA

Quiere ser el jefe de la oposición... ¡Por eso coquetea con el Chupete!

Él quiere ayudar a Eduardo... ¡a hundirlo!

¡Llame al 0-600-PATILLA y gane fabulosos premios... Una Ferrari, una quinta con pileta y quincho, un Tango 01!

SENSACIONAL ESTRENO-ZONA ROJA I Y II-MENEM LO HIZO III-CINECHANT 99-PASEO ALTRONO II

La clase política argentina... ¡Nos toma por papas fritas!

Con el adiestra-"miento" de Charlie BigMcanazo

¡El líder de los yosapas!

¡El se va y que gobierne Mcgoya!

¡Atención, funcionarios! ¡Aprendan a ser Mc-iavélicos y salgan como verdaderos Mcnates!

¿Desea acompañar su menú con un sundae de impuestos?

Llegó la mayor cadena de políticos de promesas rápidas...

Nuevo menú electoral

Mcaneadores

Calidad, servicio y limpieza... (se limpiaron todos los fondos) ¡Eso es valor!

PARA OCTUBRE YEPITAN EL COMBO 1: SALARIAZO, YEVOLUCIÓN PRODUCTIVA... Y POR 50 CENTAVOS MÁS... ¡AUMENTO A LOS DOCENTES!

LA CAJITA INFELIZ de Guido Di Tella... Trae promesas de soberanía, un verso que no se traga nadie y un muñequito de Winnie Pooh

Nuevo producto Con **Mcnesia** nos... (purgaron) a todos!

EL EMPLEADO DEL MES DEL FMI

Luego de un arduo entrenamiento aquí está nuestra crew...

Nos Mcaneó a todos y cumplió con sus patrones... Su Mcroeconomía es Mcabra...

¿ESTO ES PUMPER? ¡AY... OTRO FURCIO!

TENGO LA PELADA CON SEMILLITAS DE CENTENO...

¡QUIERO UN McPiquete con PATTI!

CHICHE... ¡SALE UN PASTELITO DE MANZA-NERAS!

¡Perdiste, cabezón! ¡Ya te ocupamos la mesa!

¡Rajá de acá o te Mchuco!

¿ASÍ ESTOY MENOS ABURRIDO?

¿Traigo la servilleta?

¡Vamos a terminar con rayas negras y horizontales!

21

La reelección Argentina

¡IÓ ME LA JUEGO! ¡DURANTE EL MUNDIAL VAMOS A PATEAR LA CONSTITUCIÓN!

Y SI IÓ NO IEGO... ¡VA ORTEGUITA!

¡VAMOS LA CORTE! ¡A TRANSPIRAR LA SERVILLETA!

¿VERÓN?

¡ES CAVALLO CON LOS TAPONES DE PUNTA!

¡ESTA PELOTA ESTÁ PINCHADA! ¡ME PINCHAN TODO!

¡MARY JÚ! ¡MARCÁ EN EL ÁREA!

¡NOOO! ¡ESA NO ES MI JURISDICCIÓN!

¡DEJEN! ¡YO MARCO!

¡SÁQUENME LA FOTA PARA PASAPORTA, QUE MENEM ME PRESTÓ EL CAMISETA!

¡CUIDADO CON EL CABEZAZO!

¡ROMPIÓ EL ARCO!

¡ESTO ES UN GOLAZO! ¡¡¡GRACIAS AL MUNDIAL TODOS NOSOTROS ZAFAMOS!!!

¡DIOS! ¡QUÉ DIFÍCIL SER DT DE ESTOS TIPOS!

DALE, AYUDÁ A LLEVAR ... QUE YA EMPEZÓ EL EMBALAJE DE LOS OBJETOS DE LA QUINTA DE OLIVOS PARA LA RETIRADA ...
¡DESPUÉS DICEN QUE EL PRESIDENTE NO ES CULTO! ¡MIRÁ LA CANTIDAD DE LIBROS QUE HABÍA! ¿QUÉ SON? ¿LAS OBRAS COMPLETAS DE SÓCRATES? ¿LAS NOVELAS DE BORGES? ¿CERVANTES? ¿SHAKESPEARE?
¿ESTOS 135 TOMOS? NOOO... ¡ES EL PASAPORTE!
VOLVERÉ POR MÁS MILLONES
TOALLAS DE HOTELES
PIZZA & CHAMPÁN
ACEITUNAS DE ANILLACO
PANES DE PASTO DE LA CANCHA DE GOLF
PELOTITAS
VESTIDOS DE ZULEMITA
SERVILLETA DE VLADIMIRO
LO QUE QUEDA PARA EL CHUPETE
ESO SÍ, LA DEUDA NOS LA DEJAN
NIK

Ta-ra-ra-rán... (chasquido de dedos)

LOS LOCOS ALIANZ

Un partido muy normal...

¡La inseguridad da escalofríos, la Justicia es un espanto, la desocupación mete julepe... y llegan ellos!

Homero Raúl Ricardo. El patriarca de la Familia. Viven a costillas de él.

La abuela Graciela. Practica hechicería con los votos del Gran Buenos Aires.

¿LLAMÓ USTEEEEEEED?

¡¡ VAN A HEREDAR UNA RECESIÓN DE TERROR !!

"Largo" Ibarra: Con el chamuyo se la sabe lunga. Se cree lindo, pero es un estirado. Con el gobierno de la ciudad se va para arriba.

El tío "no quedan ni 2 Lucas" (Machinea). Va a recibir una economía re-pelada. (Pariente de Cavallo)

¡LO QUE MÁS ME ASUSTA ES EL FANTASMA DE LA DEVALUACIÓN!

Chacho, el más travieso. Se la pasa saltando de un partido a otro.

Terragnita, quiere ser jefe de gabinete. Ahí hay pura trenza...

¡MARCHE UN TE DE TARANTULA PARA DUHALDE QUE ARAÑA LAS ENCUESTAS!

¡ MENEM QUIERE A LOS ALIANZ Y EL CABEZÓN ESTA COMO LOCO !

Nik

"Chupete" Morticia. Quiere ocupar el sillón. Antes era aburrida, ahora quiere demostrar carisma y da miedo!!!

DEDOS EN LA LATA

"Dedos" del Concejo Deliberante. Con el gestito de OK afanaban a cuatro manos.

¡Apúrense porque con tanto manotazo las cajas ya les quedaron vacías!

¡LA SITUACIÓN ECONÓMICA ESTA MAS PELUDA QUE EL TÍO COSA!

25

1 **Las chichis del gabinete** triangularon unas mallas de la década del '40. Después las revenden como moda retro.

2 **Fer y Graciela super-** fashion. Observar la cara de diversión del Chupete. ¡Es el alma de las fiestas!

3 **Último diseño de Tony** Cuozzo para volver en el 2003. (Gato Persa blanco, simulación cana, para el próximo milenio)

4 **La vigencia** de un clásico...

26

Se acerca el fin... 10 de diciembre...

Luego de 10 años de posesión de Menemfistófeles, el día final
ha llegado... El déficit es endemoniado, el presupuesto
se fue al diablo... ¡Y Carlos Satán pasa a la oposición!
Arnold Chupetenegger y sus apóstoles economistas intentarán
exorcizarlo...

¡¿ MÁ QUÉ 666 ?!
¡¡ A MÍ ME DEJAN
6666 MILLONES
DE DÉFICIT !!

PERO
NISMO
KAPUT

SOY EL
ÁNGEL CAÍDO
¡¡ !Ó ME YAJO A
NIU IORK CON
MARYJU !!

ABURRIDO

Luego de
"Embolator", llega...

CHUPETENEGGER
EL DÍA FINAL
Fin de milenio... fin de mandato

¡VADE
RETRO,
ROJO
FISCAL!

END OF DAYS
1989
1999

Sólo algunos
irán al cielo...
¡Porque
coimearon
al del
purgatorio!

¡AGUANTE
INDEPENDIENTE!

Y profetizó Nostradamus:
"Los corruptos del
menemismo arderán
eternamente en el
infierno...
No hay forma
de apagarlo
porque está en
la jurisdicción
de María Julia"

Dijo Machinea:
"¡Esto es un Pandemonium!
¡Nadie paga impuestos...
Más que el Anticristo,
llegó el Antifisco!"

¡Socooorroo!
¡Por Mandinga!
¡Palito está cantando
mensajes satánicos
al revés...!

...éf
ognet
oY

GUITA EN
SUIZA
NEW YORK

¡Me corre
el Cancerbero!

✉ nik@gaturro.com

27

Hace 100 años en...

Diario íntimo de un país

LA NACION

Julio Verne continúa con su literatura de anticipación. Reclame su última novela "Desventuras de un Tanagotchi"

Domingo 22 de Noviembre de 1898

Roca y su comitiva. El presidente posa orgulloso para la foto que lo inmortalizará en el billete de 100 pesos.

Julio Argentino Roca es elegido presidente por segunda vez

Y agregó: "Este triunfo se lo dedico a 'Caras y Caretas' que siempre me criticó". Hubo denuncias de fraude y votantes falsos en la elección. Se encontraron DNI de Juan de Garay, Cristóbal Colón y del Virrey Sobremonte. Roca declaró: "En este segundo mandato voy a dedicarme a viajar por el mundo con mi comitiva a bordo de la fragata presidencial Milonga 01". (Ya que el tango todavía no se había inventado) Entre los principales logros de la gestión Roca figuran la construcción de numerosos docks en el puerto."No creo que exportemos demasiado -vaticina el primer mandatario- ¿pero saben la cantidad de restaurants que podemos abrir acá?"

Los indios Ranqueles protestaron frente al Congreso

En su habitual manifestación de los días miércoles frente al Congreso, los indígenas que se movilizan desde 1879 cuando comenzó la campaña al desierto, cortaron el tránsito de carretas al grito de "¡Nos quieren matar como a los jubilados!".Exigen además un mínimo de 450 patacones.

Lincoln habría tenido un affaire con una ex-esclava

Una algodonera de New Orleans devenida a pasante de la Casa Blanca luego de la abolición de la esclavitud, hizo la denuncia 35 años después y contó detalles acerca de una pipa.

Se abre una nueva bodega en La Rioja

Saúl Menem Elcotur, inmigrante sirio, promete plantar sus viñedos y además exportar aceitunas. "Ya estoy construyendo una pista en Anillaco"- dice sin saber muy bien para qué, ya que todavía los hermanos Wright ni siquiera inventaron el avión.

Roces en la Unión Cívica

Aún no se ha conformado el Radicalismo y ya hay duras internas dentro del incipiente partido. Hipólito Yrigoyen se quejó ";Cómo puede ser que Leandro Alem tenga una avenida doble mano con boulevard y yo nada más que una mísera calle!"

Oliverio Tuero Della Minardi patentó su nuevo vehículo

Se trata del "Lenteja-pedal". Las primeras pruebas del aparato no resultaron satisfactorias ya que la gente que iba a pie llegaba más rápido. Abandonó a los 200 metros.

Una idea de Humberto Avila

Se instaló el telégrafo codificado

Para los fanáticos del fútbol, la empresa TyC (Telégrafos y Codificados) ha desarrollado un sistema de decodificación (similar al código Morse) que permite descifrar lo que pasa en las canchas. El acuerdo con la AFA llega hasta el año 2025. Para los adultos la misma señal de cable emite después de las 24 hs. los pasos de las bailarinas de Cán-cán.

Además: *Detectan irregularidades en las líneas 0-600-paloma mensajera.*

Pintadas en la piedra movediza de Tandil

El responsable es Anastasio Gostanian, inmigrante armenio que se dedica a hacer obsecuentes pintadas políticas sobre el presidente de turno. "Cuando tenga un hijo -promete- lo traeré aquí, a la piedra movediza, para que se apoye sobre ella."

Suplemento arquitectura

El conde húngaro Soros II proyecta la construcción de un mercado de abastecimiento."Algún día será un shopping-adelanta- y entonces podré venderle a la gente cualquier verdura"

Mirtha Legrand comienza sus almuerzos en el Tortoni

La gente va a presenciarlos en vivo porque todavía no existe la radio ni la televisión. Sus primeros invitados a la mesa son Figueroa Alcorta, Jorge Newbery y Alejandro Romay.

Y, SÍ... AL EX PRESIDENTE LO SIGUEN MUCHOS MENOS AMIGOS QUE ANTES... POR ESO PENSAMOS EN ALGO PARA QUE NO SE DEPRIMA...
BIEN, CARLOS...
SÍ, CARLOS
GRANDE, CARLOS
CARLEX
ESTOS AMIGOS SON MUCHO MÁS ESTABLES QUE LOS OTROS...
Nik

Pol-ka Miseria
presenta

Andrea Te emBoca   **Fernando De la Ruina**

VIAJES EN EL TANGO 01, AJUSTE, IMPUESTAZO, RAJÉS, RECESIÓN, DESOCUPACIÓN, "ENAMORAMIENTO" CON CLINTON, SUMISIÓN TOTAL AL **FMI**... AL FIN UN GOBIERNO DISTINTO!!

MACHINEA... ¿TE CUENTO UN CHISTE? ¡A NOSOTROS NOS VOTARON PARA SER UN GOBIERNO PROGRESISTA!

¿CAMBIÓ ALGO? SÍ, CLARO... ¡¡ UNO ES DE RIVER Y EL OTRO DE BOCA !!

¡¡ QUÉ EMBOLADO ESTOY !!

Esta es mi versión light... sin coyupción, austero, descafeinada, el Méndez yubio, sin furcios ni avispas, pero el mismo plan...

EN VEZ DE PIZZA CON CHAMPAGNE... SUSHI CON EVIAN!! (Y UN YOGUR DESCREMADO)

El Fondo nos prestó el sillón verde dólar con el que acuestan a todos los asalariados!!!

¿BIENESTAR ECONÓMICO? ¿PLANES SOCIALES? SÍ, COMO NO... ¡ESPEREN SENTADOS!

EN EL PAÍS DE LA MÁSCARA, NOS HACEN LA VIDA MÁS CARA...

ANTES: ZULEMITA CON LUIS MIGUEL, AHORA: ANTOÑITO CON SHAKIRA... TODO IGUAL!!!

No todo es lo que parece ser...

Una película que... ¿Ya la vimos?

Apariencias

¿Están seguros que el turco se fue?

Dijo el FMI:
"Cambiamos la careta, pero seguimos manejando el títere."

Dijo Chacho:
"Antes criticaba al Fondo y viajaba en bondi, ahora me voy al fondo a regar el bonsai"

SENSACIONAL EXITO-ALTO GARPANDING II-PASEO ALCROTO I-DGI RECOLECTA III-SHAKIRACENTER IV

31

Hace miles de años nos extinguimos... del aburrimiento!!!

ANODINOSAURIO

Chupetisney

El Anodinosaurio, reptil que terminó con el período jodásico del Tiranosaurio patilludus. Es bonsainívoro.

El Ibarrasaurio, mastodonte sushívoro, que hiberna largos períodos de tiempo sin hacer un pomo. Eso sí, corretea a las chuchisaurias...

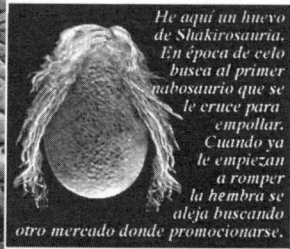

He aquí un huevo de Shakirosauria. En época de celo busca al primer nabosaurio que se le cruce para empollar. Cuando ya le empiezan a romper la hembra se aleja buscando otro mercado donde promocionarse.

Una lluvia meteorítica de recesión, desocupación, ajuste, impuestazo, más una extensa gestión de embole globalizado terminó con todo vestigio de vida en la Argentina del período Chupetásico.

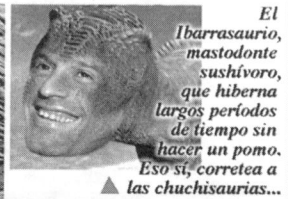

Una manada de monos currosaurios son observados por la justicia. Ante el menor temor emigran hacia las islas Caimán.

El Machineodonte Garpandis fue uno de los responsables de la extinción masiva. A cada rato decía: "Esperen un cachito, ya llega la reactivación"

La feroz lucha por el 2003: el Rucucusaurio contra el Turcodonte tiranosaurus, en el período cretáceo. Uno te sonríe, pero te empuja. El otro desarrolló una tremenda osamenta con gatosaurio y avispadonte.

El Clintonsaurio Lamebecarius, habanívoro, se carga de la risa y agrega "poniendo estaba la gansauria"

ALGUNOS NO NECESITAN LLEGAR A FÓSILES PARA TENER CARA DE PIEDRA...

Nik

Inauguró Soros nuevo shopping en Fuerte Apache

ALTO APACHE MALL

ANTICIPO EXCLUSIVO

LA GACETA DEL FUTURO

Reclame poster de la bandera De Malvinas:
Azul, por el mar. Blanco, por el pelo de Di Tella y en el centro la cara de Winnie Pooh

Buenos Aires, domingo 14 de febrero del 2011

Precio: 2 $udacos

Adrián Suar aventaja en las encuestas

El candidato a presidente de la nación supera por 12 puntos a sus rivales de la oposición, Federico Klem y Soledad Pastoruti. Ante Garmaz y Lita de Lázzari, la tercera fuerza, podrían definir en un eventual ballotage.

El fundador del partido DPAC, "De Pelito a Campeones" y el slogan que lo hizo popular: "Siganmé los gasoleros"

Explotó el "Flowergate"

Hillary al borde del juicio político

La presidente de los Estados Unidos de América admitió que sólo tuvo una "relación impropia" con el jardinero de la Casa Blanca.

Además: *Desmintió en forma terminante los rumores acerca de una manguera de riego.*

Comienzan a cobrar el IVA al inodoro

Era el único artefacto de la casa que aun no tenía impuesto. Miles de contribuyentes ya empezaron a evadir en plazas y en los bosques de Palermo.

Decimosexto regreso

Maradona volvió al fútbol

El ídolo debutó en el Badajoz, equipo que descendió a la quinta división "D" de España. Fue reemplazado a los 3 minutos del primer tiempo por reuma.

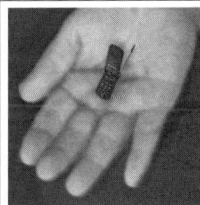

Ultimo modelo de celular

Nueva numeración telefónica

Debido al incesante crecimiento de las líneas a partir de hoy para llamar habrá que marcar el código de área + 4 + la fecha de cumpleaños + el 2do premio de la quiniela + la clave del cajero automático + el CUIT +la patente del auto +la hora + su número de teléfono.

La ciudad espacial "Buenos Aires XXI" en problemas

Siguen llegando astronautas indocumentados ilegales de asteroides vecinos. Protesta por la nueva oblea a la nave intergaláctica.

Informática

Bill Gates lanzó al mercado las nuevas computadoras tridimensionales, con el sistema "Bow-windows 3.1" Recomendó comprar sus programas "porque ya vienen preparados para el cambio de fechas en el año 3000"

Se solucionó el tema inseguridad

Tras años de continuos saqueos en la provincia de Buenos Aires, las bandas emigraron ya que según ellos " no quedaba nada más por robar"

El Mercosur ya tiene su moneda: el Sudaco

Llevan la figura de los próceres sudamericanos: Maradona, Pelé, el pibe Valderrama. Además de Europa con el Euro, Asia adoptó el Yenllow (Yen amarillo) y Africa, el "Burumbumbún"

¡PENSAR QUE HACE 11 AÑOS ATRÁS ESTÁBAMOS MUCHO MEJOR!

NiK

PAN

*Evolución expresiva
de De la Rúa a través
del tiempo.*

DE LA RÚA ... AYER COMENZÓ UNA EXTENSA GIRA QUE CULMINARÁ EN CHINA ...

ASÍ ES ... VISITARÉ LA HERMANA REPÚBLICA DE CHINA, QUE TANTOS PUNTOS DE CONTACTO TIENE CON LA ARGENTINA ...

¿QUÉ PUNTOS DE CONTACTO?

BUENO... LOS CHINOS, AL IGUAL QUE NUESTROS SENADORES, PARA COMER NECESITAN POR LO MENOS DOS PALITOS ...

¿CÓMO SE DICE "SENADOR ASUSTADO" EN CHINO? "CHA-CHO-MU-CHO-CHU-CHO"

ESELENTÍSIMO SEÑOL PLESIDENTE

BONSÁI

Y AHORA VA PARA CHINA, DR. DE LA RÚA... UN PAÍS MILENARIO, DE RAICES ANCESTRALES, PUEDEN TARDAR SIGLOS EN INTRODUCIR ALGÚN CAMBIO...

PARA MI GUSTO, SON UN POQUITO VELOCES...

43

Había una vez...
Un lejano país del
cono sur... irreal,
imposible de imaginar,
de fantasía... Donde
la gente en el interior
se moría de hambre,
protestaban pero no les
daban bola... Y los
gobernantes les hacían
el cuentito...

*Después de "El Mago de Oz"** *
Llegan...

Los Nabos sin vOZ

(El resto de los argentinos)

En la exótica
tierra de OZ
hay un plan económico
ferOZ, atrOZ y con una
reactivación no muy
velOZ...
¡¡RajemOZ!!

¡¡Un
país de
fábula,
de ficción,
de ilusos
y de
chantasía
pura!!

Freddy,
el espantapiqueteros.
Es medio pajarón y como
ministro quedó hecho harapos...
Y la verdad, asusta...
¡¡Asusta su lentitud
ante la urgencia social!!

Al hombre de hojalata le sale humo
por la cabeza...¡Está recaliente con
sus ministros! Todavía tiene chapa
para rato, pero nos da con un hacha
a la hora de recaudar el vil metal.
Es de acero...¡A cero nos dejó el
bolsillo! Con una aleación de
"cobre". Parece frío, medio
aparato y más aburrido que
chupar un remache, pero
con una pulida puede
recuperar brillo.
Está preocupado:
se le oxidó
el bonsai...

Machifiera,
el león cobarde.
Se hace el macho
con nosotros, ruge
y nos desgarra con
impuestos.
Pero con el FMI...
¡¡Es un gatito
mimoso!!

Graciela,
Dorothy,
salió a caminar
por el interior
y descubrió un
mundo nuevo...
Desde la oposición
hablaba bárbaro...
¡¡Pero desde el
poder no hace
un pomo!!

¡¡PARA
VIVIR EN
ESTE PAÍS
HAY QUE
SER MAGO!!

Antes
teníamos
un presidente
de madera:
quebracho y
algarrobo.
Ahora tenemos
uno de fierro.
(Con lo que
sobró de Somisa
y la chatarra del
plan canje)
Y colorín
colorado...
el presupuesto
se ha terminado...

*** *El cuento original de*
Frank Baum (1899) narra que al hombre de
hojalata le faltaba corazón, al espantapájaro le
faltaba cerebro y al león le faltaba valentía.
Cualquier coincidencia con la realidad es pura casualidad...

Nik

Y TENEMOS UN NUEVO MÉTODO PARA IR REDUCIENDO PAULATINAMENTE EL PAGO DE LA DEUDA... VAMOS AL FMI, A LOS BANCOS CON LA PLATA PROMETIÉNDOLES QUE LES VAMOS A PAGAR... TOCAMOS EL TIMBRE Y ANTES QUE ABRAN SALIMOS CORRIENDO CON LA GUITA...
¿PERO ÉSE ES EL "BLINDAJE"?
NO... ES EL "RING-RAJE"
?
FMI
6
GARP HERE
PUNTO Y COMA... EL QUE NO MANOTEÓ SE EMBROMA
Nik

PENSAR QUE A LA DESOCUPACIÓN LA CONOCÍ CUANDO ERA CHiQUITIiiiTA, CHiQUITIiiiiTA... CLARO, DESPUÉS CON MENEM CRECIÓ... 12...13...14... ¡¡Y A NOSOTROS NOS DEJARON LA FiESTiTA DE 15!! AHÍ LA AGARRARON EL iMPUESTAZO, EL AJUSTAZO, EL RECESO ECONÓMiCO...

¿Y?

¡¡Y ME LA HiCiERON SEÑORiTA!!

LE TOCÓ BAiLAR EL VALS CON LA MÁS FEA...

Luego de 10 años de "The Charlies", llega el nuevo galardón...

The ChupetOscar 2000

¡¡El premio más aburrido de la política nacional!!

(La estatuilla de bronce y plomo tiene más expresividad que el original)

(2 lucas más de impuestos al año)

And the losers are...

Mejor Película

LIMPIEZA AMERICANA
(El FMI nos limpió toda la tela)
¡¡Y encima les tiramos flores!!

Mejor Actor Extranjero
Fernando Enrique Cardoso
Dijo: "Queremos que crezca la industria argentina" ¡¡Qué actorazo!!

Mejor acto de contrabando VISTA GORDA SOCIAL CLUB
(En todas las fronteras)

Mejor dupla actoral nacional
Cavallo-Beliz
Se pelean, se amigan... ¡¡Todo por la ciudad!! ¡¡Dos intérpretes de primera!!

Mejor recaudador Víctor Alderete
Por "La Playa" (de las Islas Caimán)

Mejor des-compaginación *La Leyenda del Gabinete sin Cabeza*
(No actua: R. Terragno)

Mejor guión adaptado (al FMI)
J.L.Machinea por "El Coleccionista de Impuestos"

Mejor guión cómico
La reactivación económica
SIN GUITA, SIN LABURO, VAMOS A TERMINAR TODOS COMO ESTATUILLAS: DURITOS, SIN HACER NADA Y EN MANOS DE OTROS...

Mejor Actriz de reparto
(se repartieron la mosca)
"MARYJÚ DE ARCO"
Terminó en la hoguera (y no supo apagarla)

Películas para chicos:

TARCHANT
El gorila de Anillaco

Mejor argentinismo
MILAGROS INESPERADOS
(Que suban los sueldos, que los poderosos paguen los impuestos, que algún corrupto vaya en cana, que Ruckauf sea progresista, que Aníbal Ibarra se levante temprano)

STAN GARKS
La guerra de la Rosada

ES TOY GROGGY
CON LOS IMPUESTOS

SUELDOS LITTLE

mail ✉ nik@gaturro.com

Nik

47

Chupetopo

Semidiós, mitad chupete, mitad topo.
Partió la Alianza a la mitad.
Hace todo a medias. Semiamargo.
Vive en los túneles del subte A
debajo de la Rosada. Hiberna
largos períodos de tiempo
(4 años). Come raíces de bonsai.
Junto al Machineotauro nos
dejó en la vía. Está rodeado
de durmientes. Si alguna vez
en el subte sientes un hálito
de viento, es su bostezo.
Si alguna vez te
pierdes y no sabes qué
combinación hacer,
no lo consultes a él.

Labolocca

Diosa shilena polola del Yiojanono,
septuagenario dios de las Islas Caimán.
Le encanta meterse por los recovecos del
poder. Arranca en "Plaza de Mayo"
y no para hasta "Primera Junta",
perdón... hasta "Primera dama".
Su hobbie es juntarse o casarse
con mayorcitos. En ese caso su
estación
preferida es:
Chacarita.

Sushikira

Por venganza
cae en manos
de la oposición.
El Minoantonito
irá en su rescate,
aunque jamás
en su vida pasó
un molinete.
Fracasa en
la misión.
No hay estación
de subte ni en
Punta ni en
Miami.

Alfongaguín

Dios patriarca del
despelote. Si alguna vez
observas un tumulto de gente
en las escaleras mecánicas
del subte tratando de huir, es
que él ha abierto la boca.
Compra fichas antes de que
opine de la convertibilidad
y devalúen.

Mingopegaso y Chachovarelita

Uno se sube al primer vagón
que encuentra, el otro ya se
bajó de todos...

Yiojanono

Odia la línea C, porque
no le gusta Constitución
y no quiere llegar nunca
a Retiro. Jefe de la raza de
los currórratas, roedores que
durante 10 años asolaron
las boleterías llevándose
hasta el último cospel.
Si alguna vez notás que
en la hora pico te falta algo del
bolsillo, fueron ellos.

SI EL SUBTE
SE DETIENE
EN MEDIO
DEL TUNEL...
¡ES PORQUE
HAY UN PIQUETE!

sufrilos

Nos dejaron...
En las vías

SE RAJÓ HASTA AGULLA

AJUSTE, IMPUESTOS, RAJES...
¡¡LA MISION IMPOSIBLE ES VIVIR EN LA ARGENTINA!!

¿Busca acción? ¿Vértigo? Entonces busque otra página...

Menem nos sacó la guita, las joyas de la abuela, el empleo... ¡¡Y este nos quitó lo último que nos quedaba... la risa!!

¡HAY QUE MATARLOS DE ABURRIMIENTO! ¡ASÍ POR LO MENOS DEJAN DE QUEJARSE!

¡NO ME DEJES COLGADO!

Solemne, serio, plomo, ultraburrido... ¡¡Y encima a Antonito, el jodón de la familia, también lo están "Delarruizando"...!!

HAY ALGUIEN CAPAZ DE CONVERTIR A NUESTRO PAIS EN UN EMBOLE TOTAL? SIIIIII....

DIVERSION IMPOSIBLE

CHUPETOM CRUISE nos deja...

DORMI-2 (DORMI-DOS)

Un film que lo dejará con la boca abierta... del bostezo!!!

¡PERO, VIEJO! ¡QUE PERFIL BAJO... QUE NO ME MUESTRE EN LAS REVISTAS, QUE NO SALGA CON LA MINITA...! ¿¿¿PARA QUÉ LLEGA UNO AL PODER, ENTONCES ???

Con Chacho, el espía polirrubro: progre, neo-liberal, capitalista... ¡¡No sabe de dónde agarrarse!!

¡Está más perdido que Chupete en un recital de Shakira!

Y la actuación especial del doble agente del FMI y la patria financiera... Fernando De Santistablishment

¿¿¿DÓNDE ME METÍ??? ¿ME HAGO EL ZURDITO O ME ABRAZO CON EL FONDO?

ESTE CHISTE SE AUTODESTRUIRÁ AL PRIMER DISCURSO DE DE LA RÚA...

Nik

Mail: Nik@gaturro.com

49

SÍ, ES VERDAD... EL GOBIERNO TUVO UNA PRIMERA ETAPA DE "DORMIDO". TODOS ESTABAN QUIETOS, PLANCHADOS, SIN MOVIMIENTO, SIN INICIATIVA... PERO TODO ESO HA CAMBIADO... EL PRESIDENTE SE PUSO DE PIE, LEVANTÓ LA COSA Y AHORA ESTAMOS CAMINANDO... ¡¡HEMOS COMENZADO A AVANZAR!!
¿PERO PARA DÓNDE VAMOS?
¿ESTÁN SEGUROS QUE ESTE ES EL RUMBO?
NO TENGO IDEA... PERO HAY QUE SEGUIRLO
¿Y SI LE PREGUNTAMOS?
¡NO LO TOQUEN! ¡A LOS SONÁMBULOS NO HAY QUE MOLESTARLOS! ¡¡GOLPISTAS!!
Frenando de la Ruina
¿LO LLAMAMOS A "DESPERTADOR CON ALARMA" ALFONSÍN?
Nik

 51

SHOW UFF

El presidente Menem está dispuesto a todo con tal de recuperar protagonismo. Desde tirar el corchito hasta hacer de enano en el programa de la Su Giménez, bailando bottom tap

Lo marketinero
Lo maquiavélico,
Lo pérfido maneja
la imagen del gobierno.
Ante algún ajuste, rajes
o medidas impopulares...
¡hop! ¡¡Una noviecita pal nene!!
¡Y todos contentos!
¡Después nos va como
el canal, como el 7!

El otro
enano, Alderete,
siempre manoteando
algún palito...Y la
foto no es un truco:
él está acostumbrado
a currar a cuatro manos.

Shakira se ofreció como
nueva vestuarista del
presidente...¡Vamos a
darte un look más
chévere, suegro!
-le dijo- ¿Qué te
parece este traje
para presidir las
reuniones de
gabinete?

Machinea,
con ropa y
presupuesto
cada vez más
ajustados, baila
al ritmo del FMI...
A Machi le pasan
el aro de medidas
y él después nos
emboca a nosotros

¡CUÁNTAS
CARAS DE
ROCK!

Aclaración:
A juzgar por
el mismo plan
económico, su
afinidad con el
FMI, con Clinton
y el establishment,
esas patillas NO
son precisamente
de Elvis...

Nik

52

Los Tatuajes de los políticos

¡Se sacan la camisa y nos muestran lo que llevan debajo!

Machinea, con un merengue de deudas, déficit y cuentas impagas.

◀ Aldo Rico con su look super heavy, chaleco con tachuelas y siempre un Patti a mano. Además de carapintada es panzatatuada. Por supuesto, todo hecho con betún (se borra con nafta adulterada)

Lleva tiradores para evitar la bajada de lienzo en el Fondo. "El hombre ilustrado" tendrá que dibujar el presupuesto.

Sí, amigos, he aquí el plato fuerte: nuestro presidente electo en todo su esplendor. Toda su expresividad, su alegría, su gracia, su actitud dicharachera, juerguista y parrandera puesta al descubierto. ¡Es un plato!

¡Y no podía faltar! ¡Nos dio tanto en estos 10 años! (menos de lo que nos sacó) El presi saliente nos muestra sus íntimos secretos retratados. "Y no desesperen-agrega-si el Chupete los abuye, yecuerden que ió voy a estar en la oposición"

¡ESTOS SÍ QUE TIENEN LA PIEL CURTIDA!

nik@gaturro.com

Nik

53

Roces en la Unión Cívica Radical.

Enfatizó: "Que se doble pero que no me rompan"

La reciente fuerza conformada por la alianza de la Unión Cívica con el partido Nacional ya tiene fracturas. Hipólito Yrigoyen se quejó: ¿Cómo puede ser que Leandro N. Alem sea doble mano con boulevard, Figueroa Alcorta tenga una flor de avenida y yo sea apenas una mísera calle? Lucio V. Alvarez dio un portazo y renunció. "Me voy al café Tortoni" -gritó- " Porque el Varela-Varelita todavía no existe"

Toda la carga emotiva en la expresión de los recién llegados.

Nuevos inmigrantes
llegan para hacer grande a la Argentina

Investigación especial

El inmigrante sirio Mehnir Caimán Saúl Elcotur se establecerá en la ciudad de Anillaco donde cultivará viñedos, aceitunas y amigos alcahuetes. Contraerá nupcias con la joven chilena Elvira Gómez del Bolocco Arrimando."Es falso ese mito de que mi familia es mufa, van a ver... pronto viene mi primo desde Europa a bordo del Titanic".

Además , la familia De la Rúa viene desde Bueu, Galicia. Tardaron 35 años en llegar porque el barco iba un poco lento, renunciaban marineros y no sabían bien qué rumbo tomar. El sueño del hijo es salir con alguna cantante: "Me encantaría ponerme de novio con Edith Piaf"- remata.

Más información dentro de 100 años...

Lincoln espera sentado el recuento de votos en la Florida.

Las elecciones fueron hace 40 años, en 1860, pero todavía siguen contando los sufragios. Los EE.UU. se encuentran paralizados, los estados del Sur proclaman: "Vamos, che, que se nos está atrasando la Guerra de Secesión". Pero el más desesperado es el sudista John Wilkes Booth, quién vocifera: "Ya estamos en 1900 y todavía no lo pude asesinar"

Se inaugura el Mercado de Abastecimiento y nuevos docks en el puerto

El presidente afirmó: "Esto creará nuevas fuentes de trabajo... cuando sean shopping y restaurants"

Llega la primera visita del FMI.

La deuda total del país que asciende a 2 pesos con cincuenta será financiada mediante un "blindaje"." Empiecen a pagar ahora y verán cómo en unos añitos se liberan de nosotros"

Coimas en el Senado

No se descubrió nada, pero el juez que investigaba ya se compró dos terrenitos en las afueras: Palermo y Belgrano

Insólito:

En una clínica de Chascomus un bebé habló al nacer. Dijo: "Hay que salir del 1 a 1"

Se viene otro paro de tranvías.

Lorenzo Moyano del Miguelito, líder de los tranviarios fijó una nueva medida de fuerza con piquetes. "No podemos quemar gomas ya que aún no hay autos, pero ya apretamos a los caballos"- decía mientras prepara sus vacaciones por Europa.

CHE, A VER SI ESOS INSOLENTES DE " CARAS Y CARETAS" DEJAN DE BURLARSE DEL PRESIDENTE, EH?

Falta mucho para que llegue internet pero pueden enviar un e-telégrafo a: nik@gaturro.com   papiro-web: www.lanacion.com.ar/nik

54

¿Hasta cuándo hay que pagarle al FMI? ¿Hay acuerdo económico entre el cotur y la chilena? ¿Quién solventa los viajecitos de Antonito?

Y nos cantan sus éxitos...

¡Chupete, Bolocco, Shakira... y el Carlo!

GARPABBA

(También puede ir con C en lugar de P)

Y siguen sus hits: "Mamma mía!" (al ver el paquetazo) "Dancing Chupetín" (Antonito está de party) "Take a chant on me" (Carlo) "I do, I do, I do...lobu" (Un asalariado)

Yo acá estoy re-pintado al óleo...

Cuando se ponen gagá son más fáciles de enganchar... ¡Güevon!

¡¡Al mío iá lo atonté de chiquito!!

¡Ahhhhh, macho! ¡Soy de algayobo y quebracho!

Fernando

Puedes escuchar, Fernando?
me yecuerda tiempo atrás
cuando ió estaba en el siiión
En el cuarto aquel, Fernando
ahora yiegas tu bonsai
y ió le daba siempre al golf
no podía imaginar
que un plomo así iba a
sacarme mi bastón...

Algo había alyededor quizá
de yecesión, Fernando
afanábamos sin ton ni son
sin discreción, Fernando
No pensábamos jamás perder
ni laburar
Si tuviera que volverlo a hacer
lo haría iá, Fernando
Si pudiera el 2003 volver
lo haría iá, Fernando

La vejez iegó, Fernando
ni avispas ni choquines
pueden mi cara ayeglar
y entonces pensé, Fernando
la chilena es mi yefugio
me da popularidá...
Nos sacamos tres fotitos
y soy el macho de Aniiiac

Algo había alyededor quizá
de actuación, Fernando
lavamos imagen sin parar
para zafar, Fernando
Es ne'sario saber chanturrear
pa' gobernar...
De a poquito ió te vuá enseñar
confiá en muá, Fernando
De abuyido ió te vuá sacar
seguime iá, Fernando...

El cuarteto que nos dejó con los cantos al aire!!

Chiquitita
(Himno a la clase media)

Chiquitita dime por qué
mi sueldito así ha quedado
pobre de mi bolsillo
se lo nota desolado...

No quisiera verte así
aunque quieras disimularlo
si aburrimiento das
para qué quieres taparlo...

Chiquitita así quedó
con ajustes y mentiras
mientras más pobre estoy
el Tony aprieta a Shakira

Chiquitito el Carlo quedó
al lado de la Bolocco
si arrodillada está
él no la alcanza tampoco

Chiquitita ella quiere más
sueña ser Isabelita
aunque viejito está
ahí hay un vagón de guita

Chiquitita dime por qué
lo quiero tomar con soda
mientras nos va peor
estos tipos están en joda

Otra vez se ríen de tí
pobrecita Chiquitita...

POR LA CANTIDAD DE MINAS QUE ATRAE EL PODER... ¡ES EL GRUPO BABBA !!

¡Hay parejas que son puro grupo...!

55

Los Chalchaleros se retiran,
pero ya llegan los sucesores...

Los CHANTALERDOS

¡Primero te guitarrean y después te mandan al bombo!

CON MI RELANZA"MIENTO"...
¡¡SE VA LA SEGUNDA...!!

SI HAY MAS GUITA PA' LOS SENADORES...
¡¡¡ADEEEEEENTRO!!!

Lloraré

Arranca el cotur:
Lloraré... lloraré...
lloraré toda la vida
sin sillón y sin golf
¡ió si la paso abuyida!

Sigue Chupete:
Torraré... torraré
torraré con poco cambio
con los mismos ministros
apoliyo cuatro años...

Acota Antonito:
Farrearé... farrearé...
farrearé yo con Shakira...
y si con Méndez pactamos
la Bolocco también yira...

Remata Chacho:
Frenaré, frenaré...
frenaré toda esta ruina
yo termino presidente
o pidiendo en una esquina...

Y siguen sus éxitos:

*Cambia todo cambia
(Para que todo siga igual)*

*Sapo camelero
(el que nos hicieron tragar)*

*Gracias a la guita...
que me ha dado tanto.
(Canta Alasino)*

CHANTALERDOS...
¡¡NOS TIENEN A
LOS PONCHAZOS!!

Zamba de mi desesperanza

*Zamba'e mi desesperanza
aguarecida desde el poder
sueño... sueño que plancho
que todo duerme sin resolver
sueño... sueño que cambio
y que todo siga como era ayer*

*Promesa tu que escuchaste
tu que escuchaste que guitarrié...
promesa deja que cante
cantos al aire los dejaré...*

*Zamba'e mi desesperanza
por favor basta de criticar...
Turco... que entre bomberos
la manguerita no hay que pisar
Dale... que entre nosotros
cornadas no nos vamos a dar*

Cometita tucumana
(de senador salteño)

*Yo no le canto a la coima
porque adorna nada más
le canto porque ella sabe
de mi largo piratear...
le canto porque ella sabe
que algo se me va a escapar...
Perdido en largas sesiones
quién sabe mi guita por dondé
andará
más cuando salga la suma
Cantaré...Cantareeeero
a mi cometear querido
cantaré...cantaré...Cantarero
¡Tan carero!
¡Se va la segunda... cometa!*

Ñok

DESPUÉS DE GADGET LLEGA UN INSPECTOR MUCHO MÁS APARATO

¡¡Desconfía de todo el mundo... y quiere hacer todo solito!!

¡Tengo que pactar con los gremios, recortar gastos, llevar a Inés a la peluquería...! ¡¡Uy... y me olvidé de regar el bonsai...!!

¡Los "chiches" de Menem le dejaron flor de despelote!

NO HAY UN MANGO

Le sacó la guita a los sindicatos, le cortó los curros a los menemistas... ¡Y va a desplumar a la clase media!

¿Esta miseria nada más de ganancias y bienes personales?

¡¡Les voy a sacar la mosca con la tenaza hidráulica!!

Uno es aparatoso, y el otro "maquinea" impuestos...

¿Ud. lo veía sin gracia, sin carisma, sin vida? Lógico... ¡¡Es otro robot del FMI !!

INSPECTOR GARPEN

Por lo aburrido e insípido, más bien es "Inspector Quaker"

¡Hay que ahorrar! ¡Voy a viajar en el descapotable del día de la asunción con la turbina del Tango 01!

¡¡Te da con un fierro!!

Nik

57

CURSO INTENSIVO DE

GarcArtes MarciaLes

Un arte mucho más milenario que el curro político.

La Meijíde sigue a la defensiva metiendo la gamba. Ojo, puede terminar patas pa'arriba. Mientras tanto practica su postura "No paro de hacer...macanas". Nuevo secretario de deportes: su entrenador de Karate.

EL CHUPETE SIGUE CON SU BONSAI Y SU FILOSOFÍA "ZEN"... ES DECIR... "PONGAN...ZEN".

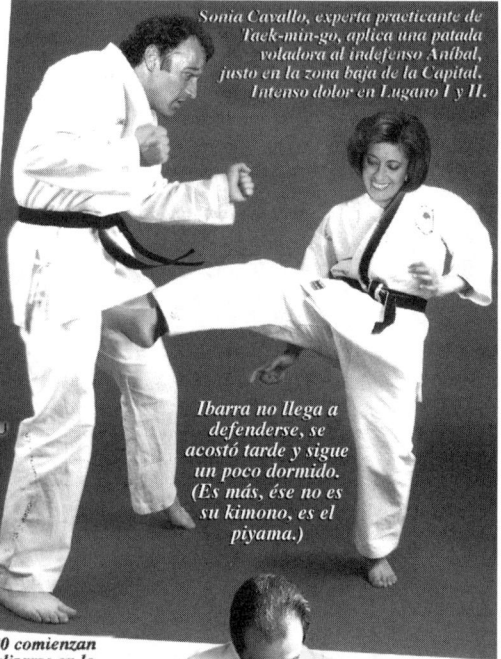

Sonia Cavallo, experta practicante de Taek-min-go, aplica una patada voladora al indefenso Aníbal, justo en la zona baja de la Capital. Intenso dolor en Lugano I y II.

Ibarra no llega a defenderse, se acostó tarde y sigue un poco dormido. (Es más, ése no es su kimono, es el piyama.)

En los '80 comienzan a especializarse en lo oriental (recomendaban mandar la guita al Uruguay)

El Ministro practica la postura "Tengo las recaudaciones por el piso"

Mingo, un peso pesado de la política, experto en Sumo (zumo de ananá, frutilla, licuado de banana, etc.) Tiene un doctorado de Chop Suey y empanadita primavera en China Town de New York.

Si Ibarra acepta el último debate Mingo se quiere hacer una panzada...

El ajustazo de Machinea es tal que fue condecorado con doble cinturón negro. A través del impuestazo y la esclavización laboral, el ministro aplica a la clase media la técnica del "kedo-lo-boo" (lo que uno siente al ver el recibo de sueldo). Además te hace el cuento chino y terminás laburando como un japonés

Servilleta de Restorán Chino

59

DR. MENEM... SE LO VE MUY JUNTITO A DE LA RÚA...
SÍ, CON EL ESE LENTÍSIMO FRENANDO ESTAMOS A FULL ... EN LA YOSADA LO ABRACÉ Y LO BESÉ ... Y EN LA MEZQUITA TAMBIÉN... LO BESÉ VARIAS VECES...
¿Y POR QUÉ TANTO AFECTO?
ES QUE A MÍ ME DIJERON QUE SI VENÍA UN PRÍNCIPE ALTO, YUBIO, DE OJOS CLAROS Y LO BESABA... ¡¡ LA BELLA DURMIENTE SE DESPERTABA !!
Nik
JEQUE COLIFA
Saúl ElCoTuR AL Karaj
LA MEZQUITA, UN SUPERLUJO... Y SI SEGUIMOS ASÍ TODO ALREDEDOR VA A QUEDAR UN DESIERTO...
LÁMPARA DE ALASINO

CHICOS ... ESTE ES EL PAPÁ NOEL ARGENTINO - DELARRUIZADO ... JUBILADO DE MÍNIMA, DESOCUPADO, YA SE COMIÓ 2 DE SUS RENOS, OTROS 2 LE RENUNCIARON Y LOS 2 QUE LE QUEDAN LE ESTÁN HACIENDO PARO DE TRINEO ... VINO EN TREN, LE AUMENTARON EL BOLETO... LE METIERON EL IMPUESTO AL ARBOLITO, NO PUDO PAGAR LA BOLETA DE LUZ DE LA ESTRELLA DE BELÉN Y SE LA CORTARON, TUVO QUE RAJAR A LOS 450 GNOMOS QUE LE LABURABAN EN NEGRO FABRICÁNDOLE LOS JUGUETES EN EL POLO NORTE ... Y ESTÁ TAN FLACO QUE YA NO ENTRA POR LA CHIMENEA, ENTRA POR LA CERRADURA ...

PA... ¿Y NO TRAE REGALITOS?

¿QUÉ REGALITOS, NENA? ¡VAYAN METIENDO LOS OBJETOS DE VALOR EN LA BOLSA, QUE TENGO A LOS REYES MAGOS EN LA PUERTA HACIÉNDOME DE CAMPANA!!

SE LE METIERON 15 OCUPAS EN EL PESEBRE...¡Y HASTA LOS CAMELLOS ESTÁN HACIENDO COLA EN LA EMBAJADA DE ESPAÑA!!

NIK

Llegan...

THE GUIT-LESS
PAQUETAZO

El grupo que **T** te deja sin GUITA

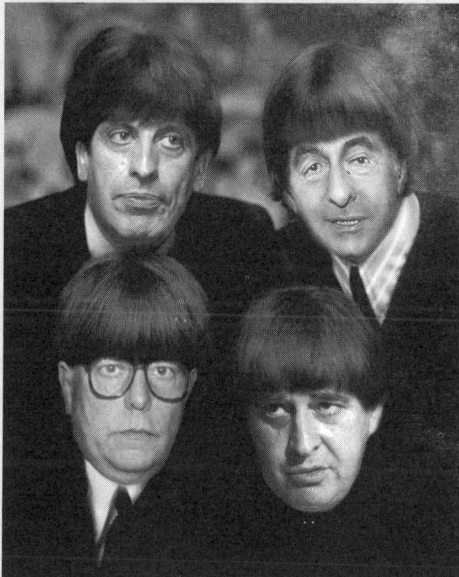

¡El conjunto que hace gritar de histeria a sus contribuyentes!

¡Vuelve la banda de los bolsillos solitarios!
(del sargento NiunPEPE)

Con sus clásicas canciones:

Yellow paquetín

We all live in a
yellow paquetín
yellow paquetín,
yellow impuestín.
No nos queda
ni medio calcetín,
medio calcetín,
IVA al peluquín.
María Julia
se fue con el botín,
y el Alderetín
es un malandrín.
Machinea...
con el paquetín
nos dejaste ruin
y esto ya es el fin

She loves you

La DGI...
She loves you,
yeh...yeh...yeh...
She loves your
bi...lle...tes....
Factura
"C"..."C"..."C"...
With a love like that
you know you
should be "out"...

Y siguen los éxitos...

"With a little help from my friends" *(para llegar a fin de mes)*

"Lucy in the sky without diamonds"
(tuvo que pagar bienes personales)

"Drive my car" *(no tengo ni para nafta)*

John Chupete, Paul Chacho, George Silvani y Ringo Machinea.

Otros temas:

"All we need is gold" **"A hard IVA's night"**

"I want to hold your handbag"

Let it mil

When I find myself
in times of trouble
Don Silvani comes to me
manging one luquita
Let it mil,
Let it mil, let it mil
Let it mil...
no te dejan nothing...
Let it mil

Help

Help!
I need some money
Help!
Machinea is coming
Help!
Heeeeeeelp!
Help me if you can,
I'm feeling down...
We are all with the
bottom in the hands...
Help me 'cause my
sueldo can't be found..
Won't you please,
please help me?

TE CANTAN LA
BATERÍA DE IMPUESTOS
Y TE DEJAN SIN GUITARRA

Yesterday   Yesterday...
all my mosca seemed so far away...
Now I have a big vagón to pay
Oh, I believe in yesterday
Suddenly
I don't have a mang to drink a tea
laburanding now me siento un gil
Oh, DGI... came suddenly...

por Nik

63

Vuelven con
todos sus hits:
"Cuando ya me
empiece a quedar solo"
"Necesito" (guita)
"Dime quién me
la robo"

El regreso del mítico duo

Sui Generis

Y RASGUÑA LOS
SUELDOS...

Charly
(Méndez)

Nito
(Nitorrando)

Y RASGUÑA
LOS
SUELDOS.

Confesiones de para pasar el invierno

Me echó de su cuarto gritándome
No tienes reelección
Tuve que enfrentarme a mi condición
En invierno no hay golf

Y aunque digan que va a ser muy fácil
Es muy duro el poder largar
Hace frío y me faltan amigos
Y no tengo a quien poder cargar (Puede
ser sin r, también)

¿Quién me dará algo pa' yeformar
O avión en que salir?
Sé que al Tango 01 vas a rifar
vos sos un flor de gil

Y la radio nos confunde a todos
Sin Olivos la pasaré mal
Si se comen mi carne los lobos
No podré yobarles la mitad

Dios es empleado en un mostrador
Da para recibir
¿No eres argentino tú, mi Señor?
Déjame evadir...

Y tal vez esperé demasiado
A Caimán ya me debiera ir
Cerrarán las puertas de este infierno
ya no queda ni Al Ibrahim

Ahora canta Chupete:

Conseguí un yogur y me emborraché
Junto a mi bonsai
Me voleó Inés de un puntapié
y me sentí muy mal.

Y si bien yo siempre fui aburrido
La Rosada me fueron a dar
Mis ministros se quedan dormidos
Ni a Ibarra puedo despertar...

Hace cinco meses que estoy aquí
Calentando el cojín
Hasta el granadero se fue a Brasil
Mi cuarto da al jardín

Y aunque a veces doy un discursito
Pa'los giles, digo "hay que garpar"
Machinea les hace el versito
Y así todo va a seguir igual...

Canción para mi muerte política

Canta Charly:

Hubo un tiempo en que fui
hermoso
y fui libre de verdad
guardaba todos mis "sueños"
allá en las islas Caimán

Poco a poco fuí cayendo
y mis fábulas de Lord
se fueron desvaneciendo
ya ni iego a senador...

Te encontraré una mañana
si sigue la recesión
y haremos un pactito
para dos....

Chaducharurachupetecharuraaa

Es larga la billetera
cuando uno mira atrás
vas cruzando las fronteras
como hizo Al Kassar...

Tómate del presupuesto
que los del plan Trabajar
se aferraron a sus puestos
pero se fueron igual.

Te encontraré una mañana
Ió extraño a mi sillón
y no vengas con la cana
Soy veloz....

Chaducharurachupetecharuraaa

Quisiera saber tu nombre,
tu lugar, tu dirección,
y si no han dejado un mango
también tu declaración.

Te suplico que me avises
si me vienes a buscar
no es porque te tenga miedo
ió sólo quiero zafar...

Te encontraré una mañana
con una conmutación
y si me hacen la cama
Chau, adiós...

64

65

¿EL GOBIERNO NO QUIERE INVESTIGAR? ¿POR QUÉ LE QUITAN PODER A LA OFICINA ANTICORRUPCIÓN?

BUENO, EL OTRO DÍA ENRIQUE OLIVERA LE PREGUNTÓ A DE LA RÚA SI IBA A CUMPLIR SU PROMESA DE METER PRESOS A LOS SENADORES CORRUPTOS... Y AHÍ SALIÓ EL TEMA DEL ENRIQUECIMIENTO...

¿QUÉ LE DIJO?

ENRIQUE, SÍ, MIENTO...

MEJOR QUE LIMPIAR ES TIRAR TODO DEBAJO LA ALFOMBRA

Y COMO LA POLÍTICA DE "MANO DURA" DE RUCKAUF FRACASÓ, AHORA VUELVE LA POLÍTICA "CARA DURA"

LO LAMENTO PERO VAMOS A TENER QUE INTERROGAR A LA GRANDE DE JAMÓN Y MORRONES. Y LAS 5 PORCIONES DE FAINÁ QUEDAN DETENIDAS

NO SE OLVIDE DEL CAREO A LA FUGAZZETTA, SEÑOR COMISARIO

LA ALIANZA APOYÓ, PERO EN EL PJ... ¡MUZZARELLA!

PIZZERÍA
"PREFERIMOS LOS CHORROS"

67

69

73

He aquí los protagonistas del día de hoy, subidos al pedestal. (aunque no son ningunos angelitos) Ibarra parece un angelito de Rafael, Cavallo parece uno de Botero. Dicen que los ángeles no tienen espalda, por eso a alguno de estos le faltó respaldo. Podemos observar (en la parte inferior de la foto), que gane quién gane en la Legislatura seguirán los ñoquis.

OJO...
NINGUNO
ES CUPIDO...
AUNQUE ALGUNO
HAYA SIDO
ES-CUPIDO...

75

Muchos dicen que el presidente está dormido,
pero no es así. Desde uno de sus Bonsai
imagina la metamorfosis del estado.
Ha encapsulado en su gabinete-capullo a todos
sus ministros: algunos (si siguen así) van
a salir volando, y otros más vivos salen tipo
oruga porque saben que para mantenerse hay
que arrastrarse al lado del jefe.

ÑOQUIS, AMIGOS,
PARIENTES... LOS
GOBIERNOS PASAN,
LOS PARÁSITOS
QUEDAN...

Y no podía faltar nuestro
ex presidente, al que muchos dejaron
plantado. Siempre sale a flote, entre la
maraña-camalote del PJ, para armar
flor de despelote. Con su camaleónica
personalidad no se sabe si está con
Moyano, con De la Rúa, con Ruckauf
o con el mismo. Sabe moverse muy
bien entre la fauna política, asesorado
por su ex secretaria de medio ambiente
(especialista en Islas Caimán)

La abejita Machinea cree que vivimos en un repollo y nos manda cualquier verdura. La abeja reina del FMI le ordenó recolectar néctar y con su aguijoncito dejó clavada a toda la clase media. No es muy avispado, con sus antenitas no capta el malestar social y se queda en las mieles de la convertibilidad. Guarda que se puede alborotar el enjambre.

¡GUARDA CON EL IMPUESTO A LA COLMENA!

Con Moyano no saben que hacer: si usarlo de florero, si "adornarlo" como al resto de los sindicalistas o si dejarlo en su mundo de cristal, donde todos se reparten las bolitas, mientras los trabajadores siguen comiendo vidrio.

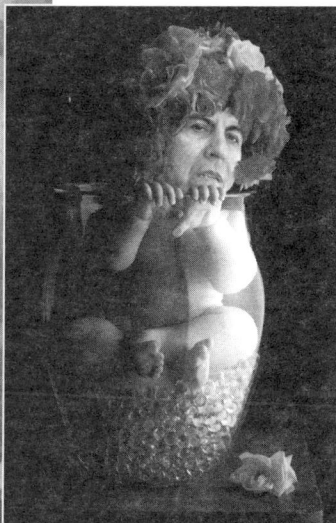

Y aquí los candidatos bebés. (aunque los que nos chupamos el dedo somos nosotros) Parecen encantadores pero cuando llegan al poder empiezan a llorar por lo que heredaron ... y a ensuciar los pañales... Algunos son descartables: los candidatos, no los pañales. Otros vienen con una caja PAN abajo el brazo, Irma Roy ya no tiene sarpullido, se curó del Granillo.

77

79

80

81

Gracielita no hacía un pomooó...
pero un día se marchó.
Nadie supo bien por qué
a París ella se fue
estamos llenos de piquetes
y ella practica francés...

Gracielita

La ministra que hace "sociales" en París

Gracielita, Gracielita, Gracielita adónde vas
ya sin rutas, con poca guita... a nosotros nos dejás

Gracielita del lio se rajó
porque feas se las vio
Dijo: ¿ qué podré yo hacer?
¡Yo la Schiffer quiero ser!
en Europa y con paciencia
me podrán embellecer.

VOILA! C'EST LA VIE!

En la confitería de Paris
tomo un café con anís
paseó por la tour Eiffel
y por los Champs Elysées
qué ministra más monona...
Plis...Mary July volveeé!!!

Tantos años tardó en cruzar el mar
que los cortes ya no están
muy lenteja regresó
y ni un piquetero vio
se acabaron los problemas
ninguno vivo quedó...

REPETÉ AVEC MOI... GUTURAL, CON LA NARICITA... ".IF ME BORRÉ...!"

GRACIELA ... LOS PIQUETEROS LIBERARON LAS RUTAS, PERO QUIEREN QUE TE AVIVES, QUE TE DES CUENTA, QUE LES DES BOLA, QUIEREN DESPERTAR TU ATENCIÓN DE ALGUNA FORMA ...

VAN A HACER UN PIQUETE EN LOS CHAMPS ELYSEÉS

AH... REGARDEZ VOUS ¿Y CÓMO?

Frenand De la Rue Montmartre

LO DE LA MEIJIDE ES UN CORSO... Y SE LE VIENE EL WATERLOO...

Yues Saint
MARIA JULIA BIS
AR MA NI
KENZO
CHA
Dior
OTRA PA' FUERA...

Nik

85

EL FMI MANDÓ UN ENVIADO A LA ROSADA... LES PREOCUPA **LO VIOLENTO** DEL MODELO ECONÓMICO, **LO VIOLENTO** DE LA SITUACIÓN SOCIAL, **LO VIOLENTO** DE LA DELINCUENCIA... POR ESO SE REUNIÓ CON EL PRESIDENTE
¿Y?
Y... LO VIO LENTO
ZZZZZ
CASA TORRADA
MÁS QUE UNA NACIÓN TENEMOS UNA HIBER-NACIÓN
Nik

DE LA RÚA... LA NASA LANZARÁ EL PRIMER SATÉLITE ARGENTINO AL ESPACIO... YA HICIERON LAS PRIMERAS PRUEBAS...

AH, BIEN... ¿Y LLEVA LA BANDERITA ARGENTINA?

NO HACE FALTA... ¡¡EN EL LANZAMIENTO ARRANCÓ CON LA LUZ EN ROJO, TIENE EL SEGURO VENCIDO, LLEVA FILETEADO "CORRETE, NASA, NO EXISTÍS", NO PAGÓ LA OBLEA, NO TIENE STEREO, TIENE VIDRIOS POLARIZADOS, COLITA RUTERA, 158 MULTAS FOTOGRÁFICAS Y EN ÓRBITA YA ORGANIZÓ UN PIQUETE!!

Si LLEGO A PRESIDENTE ...EEEEH...PARA MÍ ES MUY IMPORTANTE EEEEH...EL DIÁLOGO... EEEEEH...LAS REUNIONES...EEEEH...LA CHARLA TÁCTICA, EEEH...

¿UD. HARÍA MUCHA REUNIÓN DE GABINETE, BILARDO?

Y, DEPENDE, EEEH... ¿LA ROSADA TIENE VESTUARIO?

EEEEH...

LLEGO PRIMERO

EEEH..

Nik

MOSTAZA MERLO PRESIDENTE (SI HACE GANAR A RACING, PUEDE MANEJAR CUALQUIER COSA)

VIDEO RUCUCU   VIDEO DE DE LA SOTA

VIDEO DE MENEM

VIDEO CHACHO

BILARDO... ¿UD. ESTÁ PREPARADO PARA SER PRESIDENTE?
¿YO? PERO, POR FAVOOOR... EEEH... ¡HACE TIEMPO QUE VENGO HACIENDO PRECALENTAMIENTO!! ¿ENTENDÉS? EEEH... EN LA ROSADA EN VEZ DE REUNIÓN DE GABINETE VOY A HACER CHARLA DE VESTUARIO... CHAU, PUNTO... SI HAY QUE CAMBIAR MINISTROS, TENGO UN BANCO DE SUPLENTES... EEEEEH... ¿CORRUPTOS? ¡TARJETA ROJA! CHAU, LISTO... PERO LO QUE MÁS ME PREOCUPA SON LOS JUECES
¿EL PODER JUDICIAL?
NO, LOS JUECES DE LÍNEA... SEGURO QUE VEN A UN TIPO DE AVANZADA COMO YO, UN ADELANTADO... ¡¡Y ME COBRAN OFF SIDE!!
TELE-NASO 10 KM
SI GANA EL TORDO... ¡¡CHAU, LISTO!!
CORBATA CABULERA DEL '86
ALFILERES
A LOS OPOSITORES LES PONE UN STOPPER, Y LE GRITA ¡PISALO! ¡¡PISALO!!
MARADONA MINISTRO DE ECONOMÍA ¡¡CHAU, LISTO!!
Nik

Volver

Las series y programas de TV que hicieron historia

Fernando Enrique Cardoso, el famoso "manochanta" del Mercosur.

A la industria argentina le dice " Adianchi, adianchi... vengan a Brasil"

¿Cómo olvidar a la Mujer Maravilla? La nuestra es la "Mujer Pesadilla" Una tenía el avión invisible, la otra no tenía ni avión hidrante. Una tenía el lazo de la verdad, la otra te mentía aunque la ataran. A una cuando la necesitaban daba unas vueltitas y se convertía, la otra cuando la necesitaban daba media vuelta y se rajaba a NY.

Va a hoteles 5 estrellas

A De la Rúa lo engrupe: "Eu te voy a aiudar, Chupetiño" y le pregunta por " la nena" (la reactivación) No, no... "Todavía es muy chiquita", le dice el Chupete

¿Recuerdan a la Familia Ingalls?

Esta es la Familia In balls (Por el presupuesto que heredaron)

El antológico Johny Tolengo... El de ahora es Machinea "Johny Latengo" (Cuando el FMI le pregunta por la guita)

Parecen todos buenitos, ejemplares, pero nunca le crea demasiado al marketing de la imagen. (Dirigida por Lopérfido)

97

Los inimitables tres chiflados: Mingo Curly, Chupete Larry y MeneMoe. Siempre desorientados, pegándose entre ellos, dándose tortazos. ¡Un trío de aquellos! (De aquellos giles que los votamos)

Chips, serie de colección de los '80. La nuestra es "Chots", con Erik Rucucu y Freddy. Con los años Erik terminaría promocionando formas de adelgazar, como el impuestazo bonaerense (Reduce plat fast)

La inolvidable Mamá Cora. La alianza ahora tiene a Mamei Jide, una simpática señora mayor que deja olvidados parientes por los despachos y está un poco lenta con los planes sociales. De la Rúa la quiere en el PAMI (pero como paciente)

¿Se acuerdan de "La isla de la fantasía"? Esta es "El primer mundo de fantasía", serie que duró 10 años (1989-1999). Con Bill y Tatoo (quién gritaba "el avión, el avión" cada vez que llegaba el Tango 01 con su comitiva)

HAY CADA SERIE QUE MEJOR NO REPONERLA

máil ✉ nik@gaturro.com

98

ARGENDRAMA

¡EN EL PRIMER MUNDO... ESTAMOS DIBUJADOS!

Un quintumega-maxikilorecontra-multimiltrillones de dólares (hubo que inventar nueva cifra para la deuda externa argentina)

Se siguió ganando terreno al río. Puerto Madero está en el medio de Buenos Aires. Ahora la zona top gastronómica es "Isla Martín García"

En televisión, sigue Mirtha Legrand (la misma) y asegura: "Este es mi último año"

Nuestro país llega perfectamente preparado para enfrentar la crisis informática del 3000... Todas sus computadoras explotaron en el 2000.

El Aeroparque sigue en el mismo lugar, pero "Aeropuertos 3000" promete: "Pronto vamos a cumplir el contrato"

Museo histórico de los negocios que no funcionaron: Las canchas de paddle, el parripollo, el videoclub, internet...

Se conservan piezas únicas como la servilleta de Corach, el quincho de Romay y la pelela de la Alfano.

REMISE TRUCHO

OBLEA

PASA-CALLES

PIZZA DELIVERY

PARRILLA

DALE GUEVARA

LA NACION

COLECTIVO 60

Pamela Süller
SHOW VIRTUAL
CLONADA

Pistola de agua

¿PONGO LAS MONEDITAS?

DESOCUPER

Mujer creada de clon de María Julia y ADN de visón... Con piel resistente al fuego. Tiene un solo ojo (el otro es lo que le salieron sus deptos en New York)

I ♥ NY

Tatara-tatara-tatara-tatara-tatara-nieto de Carlos Saúl. Viaja mucho, juega al golf intergaláctico. Canta todo el tiempo "El futuro... Menem lo hizo..."

Los colectivos son tubos de vidrio aspiradores. Apenas uno sube se escucha: "¡Corriendoshe pal fondoooo!". Cuidado con la billetera.

Robot despedido por la nueva ley de flexibilización, porque sólo trabajaba 24 horas por día, los 365 días del año

LOS JUBILADOS Y LOS DOCENTES YA NO EXISTEN. EL ULTIMO SE EXTINGUIO EN EL 2005.

CARLOS MENEM 1989-1999

DE LA RÚA 1999-2003

A. SUAR 2003-2007

EMMANUEL ORTEGA 2007-2011

Cabezas de ex presidentes crionizadas

Ahora se vota con el control remoto

La antigua Buenos Aires quedó destruida y bajo tierra. Los arqueólogos se preguntan para qué usarían tan extraña antena...

NICOLE NEUMANN 2015

Ya no hay corte de boleta, hay zapping.

La nueva moneda: El "Argie" mantiene el 1 a 1. 1 A = 1 trillón de dólares

FORMOL

El desempleo aumentó al 99,9%. Apenas queda un empleado que aprieta un botón y todo se hace solo...

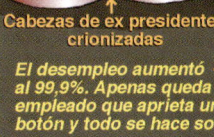

NiK

Zumban, reptan, roen, pican, infectan, pululan, vuelan... ¡y apolillan como parásitos!

CHARLIE DISNEY
presenta:

El film de las alimañas políticas...

bichorros

Un mundo en miniatura...
¡Pero se la llevan en grande!

NOK

El bichumbo
Nos clavó el veneno con la flexibilización laboral, y trianguló aguijones usados al exterior.

El bichantún
(Suizópodo cometunguis)
Se alimenta de mosca y palitos verdes (que va guardando para él y para todo el larvario). Tiene 100 pies (para rajar en el 99) y 100 manos (para meter en más latas).

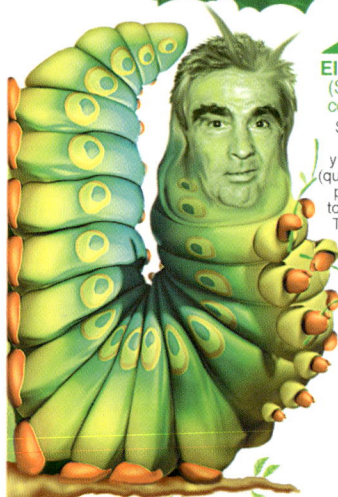

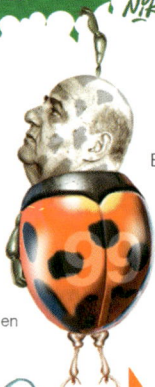

El biChoma
Insecto con amplias púas para serruchar bancas en el Senado. Allí mismo deposita huevos de BiCharlie para asegurar la continuidad de su especie.

El bichorlito
(También conocico como vaquita de San Armando)
Vuela con su jefe y zumba su nombre por todos lados.

El Oyarbicho
Insecto transformista que oficia de oruga judicial, luego se encierra en el capullo espartacus, y al salir tiene forma de mariposa.

El BiCharlie
Sufrió numerosas metamorfosis desde el '89. (Ni Kafka lo podría describir)

¿PROBARON CON R/\ID?

La Bichirusa
Libélula acostumbrada a usar tapado de bichón. Le huye al fuego y las inundaciones. Emigra siempre al norte (a la gran manzana), donde tiene varios nidos carísimos. Está en vías de extinción.

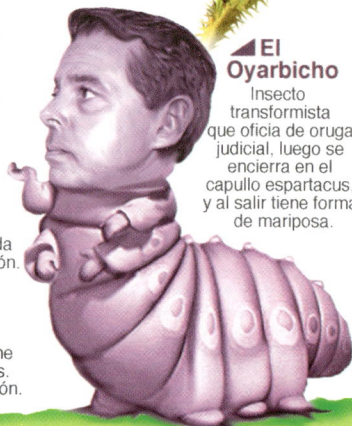

49

CHOQUÍN POWERS

EL ESPÍA OPOSITOR

(THE SPY WHO SHAGGED US)

EL POWER ES MÍO, MÍO...

HAY UN ESPÍA DENTRO DEL PJ QUE OPERA PARA LA ALIANZA...

EL DOBLE AGENTE QUE NO ES SECRETO PARA NADIE...

PAPIRRI... ¡QUÉ BUEN LABURO NOS VENÍS HACIENDO!

¡ESTA CHICHI ESTÁ MÁS FUERTE QUE LA MISS MUNDO CHILENA!

¡IÓ ESTARÉ EN LOS '60 PERO EL CABEZÓN SE QUEDÓ EN EL '45!

¿LA IMAGINACIÓN? NOOOO.... ¡¡LA FARANDULIZACIÓN AL PODER!!

¡EN VEZ DE SUBMARINO AMARILLO TIENE FERRARI ROJA!

PIDA EL OSITO WINNIE POOH DEL INSTITUTO DI TELLA!

No es peronista... no es aliancista... ¡Es el gran infiltrado del recontraespionaje del FMI!

¡Con la guerra fría de encuestas están todos recalientes!

¡A PALITO NO LO VOTAN NI LOS DEL CLUB DEL CLAN!

¡¡CERRAMOS LA CAMPAÑA EN WOODSTOCK!!

EDUARDO... ¡ESTE NOS DEJÓ PELADOS DE VOTOS...!

ESTE ACUERDO SE AUTO-DESTRUIRÁ EL 25 DE OCTUBRE...

¿SÍMBOLO DE LA PAZ? NOOOO... ¡SON LAS LLAVES DEL MERCEDES!

Nik

101

UNA PELÍCULA QUE TE DEJA VERDE DE LA RABIA

Hay un viejito medio verdolaga que resume el típico imaginario argentino: tener una novia alta, rubia y 30 años más joven, tener una cuenta en las islas Caimán, viajar por el mundo, manejar Ferrari, ser canchero y ostentoso, no trabajar y... ¡¡¡Jorobar al presidente de turno para volver en el 2003!!!

Llega el Grinch... mitad green, mitad hinch...

¡VERDE, TODO VERDE! ¡HAY QUE DOLARIZAR!

En estas navidades baja desde la cordillera anillaquense... No es el Yeti, pero es medio yeta...

¡POR DIO! ¡IO LES DIJE! ¡ESTOS DE LA ALIANZA ESTÁN YE-VERDES EN POLÍTICA!

¡El Grinch... cómo rompe los adornos!

Dijo Colombo: "Nuestra economía tiene los colores de la nochebuena, depósitos en verde y cuentas en rojo"

¡ESTE ES MI POLOLO! ¡TAN SHIQUITITO Y TAN SHANTÚN! ¡ESTOY SHOSHA!

Jim Carl-rey es...

EL GRINCH

y su sucesor... el Bonch...

FMT

¿ANTONITO? ¡IO SOY EL LATIN LOVER! ¡SÍGANMEN! ¡CON LAS YESERVAS DE CAIMÁN LEVANTO LO QUE VENGA!

Un travieso duende patilludo que se llevó todo... ¡¡¡y vuelve por más!!

¡JO-JO-JOOO! ¿QUÉ ESPÍRITU NAVIDEÑO! ¿REGALITO? SÍ, COMO NO... MACHINEA... ¡TRAE EL PAQUETAZO!

¡Qué dúo abominable! ¡El Grinch y el Bonch nos achicaron el bolsillo! ¡El arbolito de navidad de este año va a ser un bonsai !

Nik

ATENCIÓN: MAYORES DE 70 AÑOS IR ACOMPAÑADOS DE VIAGRA

ESPECTACULAR ESTRENO-ALTO BOLOCCO I Y II-PASEO AL CORTO III-SENADO RECOMETA 10%-PATRICIA PATIO BULLRICH V

102

Grandes Sobras del arte post-menemista
(Últimas imágenes del naufragio)

La maja vestida

Sufrió numerosas mutaciones.
Esta data de la época barroca-
ostentosa-menemista, luego del
fracaso de la re-re quedará
desnuda (y hará honor a
su frase célebre)
El autor firmó la tela:
"No la vota ni
Ma-Goya"

El Duque Rod-olfa Della Sanata

Pisoteando todas las
instituciones cabalgó a punta
de lanza durante varios meses
con las explicaciones más
inverosímiles. Perdió como
en la guerra.

La última reunión de gabinete

Fines de 1999: El Presidente con
sus 12 ultra-alcahuepósteles
explicándoles que la Constitución
es su cruz. Pero les promete para
dentro de 4 años la
re-resurrección.

¿ A QUE NO SABEN QUIÉN ES JUDAS ?

Nik

103

THE NATIONAL POLITICS

TRIBUS SALVAJES

Flama rik, jefe de la tribu "Los Banelko's". Primitiva raza adoradora de los cometas y del dios del sobre. Junto al hechicero Chantibañes engualichan con romances a quien se le cruce...

"Los bocones", tribu originaria de Anillaco. Mediante una milenaria técnica desarrollan su prominencia bucal, con la que alcanzan gran incontinencia verbal y una parla petardista-desestabilizadora. Son vegetarianos y mandan cualquier verdura. Mezcla de baba con locos, son BaBoloccos...

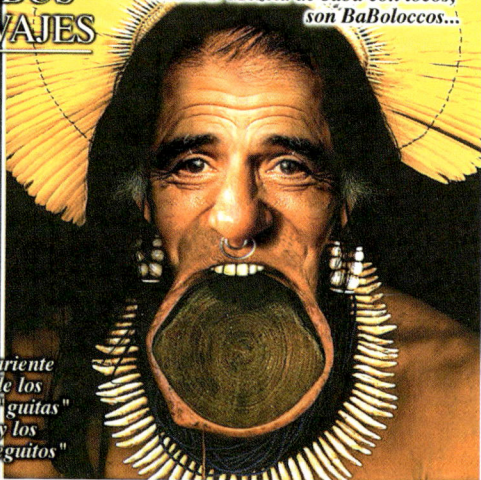

Pariente de los Dia"guitas" y los "dieguitos"

El ese-lentísimo cacique de la tribu, Pete embolado y el vicecacique Chacho-te-serrucho-el-trono se cruzan lanzas entre sí...

Tony Ka Fiero, el nono de la tribu, desvaría con sus historias. Ha comenzado a pintarse (así no lo reconocen y lo dejan entrar). Pero ya les metió el perro.

¿Y CONOCEN EL CUENTO DE LA SÚPER CHOZA DE ALASINO Y LA LUZ MALA?

ESTOS NOS DEJARON EN "BANDA" Y A LOS GRITOS

El futuro se ve negro e intentan parecer similares, pero no tienen nada que ver. Mientras Pete viaja por otras tolderías, Chacho se muestra por todas partes y llega a la tribu en Taxielefante...

EXCLUSIVO PARA POLITICOS
YOGA
PARA SUPERAR EL STRESS
DE LAS ELECCIONES

Anticipándose a la que se le viene, el Dr. De la Rúa practica la posición "Voy a recibir una economía en la lona". Contrariamente a lo que anuncia en sus avisos, esta posición no le deja las manos libres.

¡Meditación trascendental antes de ver las encuestas!

El Dr. Duhalde no puede escapar del enredo de su campaña. Reza con sus manos, pero el resto de su cuerpo adopta la toma "María Amuchástegui", es decir, todo su esfuerzo, su pulseada contra Menem, la plata gastada en publicidad, estuvieron... estuvieron... de más.

Respirar hondo, liberar el yo, concentrar la sabiduría vital... ¡Antes de insultar a su adversario!

Cavallo, cada vez más redondo, con su clásica posición "¿Me quedo? ¿Me paso? ¿Me junto? ¿Me voy?" ¡Es un vueltero!

El presidente no practica el yoga, pero sí "el toga", para sostener el equilibrio de la transición... Mantiene la estabilidad, pero todo está en el aire.

El círculo íntimo del Presidente, acostumbrado a pensar con los pies, ahora también los usa para no escuchar las protestas y los reclamos de la gente.

Yoma y los ultramenemistas practican la postura "10 de diciembre"

Ese día saldrán eyectados por las ventanas de Olivos.

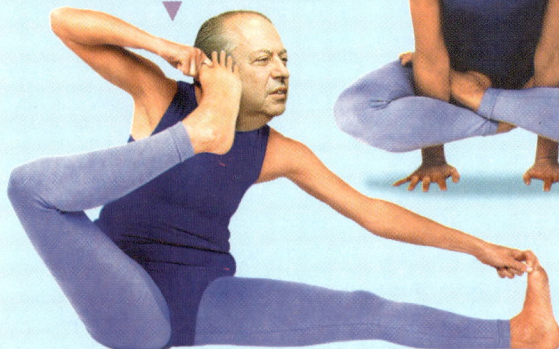

OMMMM... TRANQUI... CON ESTOS, LA POLÍTICA ES UN RELAJO...

Nik

¡Se viene el casamiento del siglo!

Plan "Isabelita II"
La fórmula del 2003...

Boloccotur

Fiesta gran en el caserón de Aniiiaco y después todos a bailar a la pista... de aterrizaje!!

¡¡Noche de bodas en el depto de Maryjú en Niú iork y luna de miel en Caimán beach!!

¡EL POLOLO CAIÓ COMO UN GUEVÓN!

Festival carioca con cotillón de Gostanian... ¡Sofovich, Kohan, Alderete, Corach, Kuozzo y Erman danzan haciendo el trencito!
Pe-pe-pe pepeee-pe-peee...

¡¡Antonito y Shakira llevan la cola de la novia!!

CHE... ¡ASÍ TAMPOCO LA ALCANZO...! ¡TRÁIGANME LA GALERA DE ALEJANDRO GRAVIER!

Ruckauf, De la Sota y Reutemann le quieren sacar la liga a la chilena.. Y prometen: ¡¡El turco también va a ligar!!

¡Á TUVE 10 AÑOS DE DESPEDIDA DE SOLTERO!

Auspicia:

VIAGRAPLUS
Con extracto de quebracho y algarrobo. (Para relajar: savia de bonsai delarruista)

Revoleo de ramo:
Al ex funcionario menemista que le toque será el próximo en... ir en cana!!

Vistió: Elsa Serrano. ¡Y andá a cobrarle a Magoya!

¡Sean felices, que MaryJú ya se hizo el tapado de perdices!

¡¡ ELLA LO VE COMO A UN MUÑEQUITO, PERO LE ENCANTA LA **TORTA** !!

Si tirás del piolín sale la llave de la caja de seguridad

El banquillo de los acusados

SUIZA

NEW YORK

ISLAS CAIMÁN

Lista de regalos:
-Casa Scioli
-Camisas Rigar's
-Souvenirs "Moneta"

¡¡A De la Rúa, el alma de las fiestas, lo invitaron para después de las doce!!

Nik

107

¡¡Chicos!! Luego de los "Teletubbies" llegan los...

¡¡Los muñecos que te dejan hecho trapo!!

Teliquidan ®
(marca recesiva)

¡SON UNOS TELETRUCHIS!

Unos te liquidan con lo que se llevaron, otros te liquidan con los impuestos...

Los auténticos Tinky-Winky, Dipsy, Laa-laa y Po les contestan...

Para los más, más chiquititos...
¡¡Los sueldos!!

SON TODOS IGUALES... SE DISFRAZAN PARA LLEGAR AL PODER, PERO LOS MANEJAN DESDE ADENTRO...

¡¡Te limpian el bolsillo del caballero y la cartera de la dama!!

TE FLEXI-BILIZAN...

TE SUBEN LOS IMPUESTOS

¡NADIE VA EN CANA!

¡Y ENCIMA QUIEREN QUE LOS VUELVAN A VOTAR!

SI LOS VEN... ¡¡¡RAJEN!!!

"Chupetinky embolingy" ¡El más divertido!

"Po" (Po...niendo estaba la gansa)

"Laa-laa" (Laa... juntaron con pala)

"Mingy" (el más vueltero de todos)

Este pone cara de "yo no fui" y te sigue exprimiendo

Si le apretás la panza insulta a beliz, si le apretás la espalda to abraza

Servilletita de peluche

¡Y este te deja los ingresos en rojo sin ponerse colorado!

LOS VAMOS A HACER PO-PO

ALDERETE CAIMÁN & CO. MARY JÚ

VENDO MAMI X 2 VOTOS

Nik

108

¡¡Llegó el buda de la pelada luminosa!!

¡¡Un Dios superpoderoso, omnipresente y omnilampiño!!

¡Frotándole la bocha produce todo tipo de milagros!

Viene a salvarnos con sus mandamientos de la sagrada servilleta mística!!

Te observa las 24 hs. desde:

Gran Pelado
Big Dolaper

La dinastía Ming

A los votantes de la Alianza Mingo les dice:
¡¡¡MINGA!!!

Solicite el libro de Yoga de "Ke-Chan-tung": Mil y una piruetas para volver al poder.

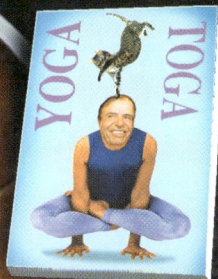

YOGA TOGA

Dijo Mahoma: "Si las leyes no van a Mingo, Mingo va a las leyes"

Sus vasallos, los súbditos delarruanos del "Sagrado Torrar" acatan su prédica...

SÍ, AMO... TU CALVA NOS ILUMINA... ¡¡HAZNOS EL CUENTO CHINO!!

¡Hasta el bonsai quedó pelado!

Y el líder de los lacayos, el EseLentísimo Dalai Cama, fundador de la Siesta Eterna y creador de la secta de la Almohada Pegajosa...

¡Levantan las manos porque con la inseguridad te asaltan cada 10 minutos!!

LA BUDA QUE TE P...

DOLAPE PRESIDENTE

Nik

109

Llega "Gran Pelado", el nuevo programa donde 12 políticos encerrados en la Rosada son monitoreados por el dolape

superpoderoso...

¡Ninguno sabe en qué momento será eliminado!

Gran Pelado

Big Dolaper

¡¡DIOS MÍO!! ¡¡QUÉ DESPELOTE!! ¡YO MEJOR ME VOY A DORMIR A LA CASA DEL "GRAN PELADO" Y NO SALGO HASTA DENTRO DE 3 MESES!

¡¡El primer irreality show!!

¡Una casa donde todo cambia todo el tiempo!!

¡¡Imágenes exclusivas!!

5:32 P.M.: Una cámara infrarroja pesca al Chupete en su momento de mayor actividad. Otro gran episodio de hiperdinamismo fue cuando se levantó para ir al baño.

7:23 A.M.: Chacho y Rucucu, cual insectos mediáticos, se volvieron locos buscando las cámaras...¡¡Por las dudas les sonreían hasta la ducha!!

Una vez por semana el todopoderoso Big Dolaper (virtual president) se asoma, ordena, da directivas y elige a 2 para eliminar... (si es que ya no le renunciaron todos)

Después de tanta renuncia el cargo de ministro coordinador le fue ofrecido a la vaca de "Big Brother"

Alguien que está chocho con todo este despelote... ¿Quién se acuerda de él?

8:21 P.M.: Esta toma es de la gestión anterior de "Gran Hermano". Se llamaba "Gran Enano"

11:53 P.M.: Esta imagen fue captada por una cámara alta... la cámara de Senadores

Con el "Gran Pelado" al mando de la Casa, la UCR y el Frepaso no saben qué mongo hacer (o qué mingo). ¡Ya no les alcanzan 2 manos para rascarse!

10:39 P.M.: En pleno despacho presidencial fue capturada esta escena de sexo explícito entre dos bonsai. Fue la situación de mayor actividad, adrenalina e iniciativa en 15 meses...

12:57 P.M.: Y no podía faltar, la cámara en el baño. Lugar indicado para el accionar político de los últimos días.

Nik

110

Luego del "grupo sushi" llega...

El grupo Chuchi

En la revista de "hombres" no podía faltar el nuevo macho argentino... *Chupeteen* un sex syn-embol (anti De la Rúa)

Ya se nota la reactivación económica... ¡¡En la venta de discos de Shakira!!

TU MAMÁ PRIMERA DAMA NO ME QUIERE, TONY... ¡Y YO QUIERO SER PRIMERA NUERA! ¿NO HABRÁ ALGÚN MINISTERIO PARA MÍ?

¡DURANTE 10 AÑOS NO HICIMOS UN POMO! ¡PERO A TU PAPI LE VAMOS A HACER TODOS LOS PAROS!

¡¡GRACIAS, CHUPETITO, POR DEVOLVERNOS LA ESTÉTICA MENEMISTA!!

CHE, CHUPETONY... ¡ME HICISTE PELOTA EL MARKETING!

La colombiana canta, el FMI prepara el verso y el grupo Chuchi nos guitarrea!

¡Ay, Antonito! ¡Me traés una chirusita del jet set! ¡Y yo quería una profesional, una abogada, una doctora de Barrio Norte! ¡Alguien como uno!

Shakira es de familia árabe... ¡¡Todo se recicla!!

LO HICE GANAR A MI VIEJO, LO HICE GANAR A IBARRA... ¡ALGÚN DÍA ME TOCABA GANAR A MÍ!

¡¡TU NOVIECITA ESTÁ A TONO CON NUESTRA ECONOMÍA. RE-AJUSTADA!! ¿¿NO NOS PODRÁ PRESTAR UNOS MANGOS??

¿Y CÓMO LO VEN A AITO CON LA SOLE?

Mientras Shakira le canta al príncipe... ¡¡Nosotros estamos con los cantos al aire!!

mail ✉ nik@gaturro.com

¡¡El papi ajusta y el nene aprieta!!

10 de Diciembre de 2001. La gran boda.

SHAKIRA ... LLEGÓ EL DÍA . VOS SABÉS QUE EL MATRIMONIO ES COMO LA POLÍTICA ¿ NO? HEMOS FORMADO NUESTRA "ALIANZA" Y CASARSE ES COMO GANAR UNA ELECCIÓN...

SÍ, ANTONITO... TU ME PROMETISTE QUERERME, CUIDARME, MIMARME...

BUE, BUE... PROMESAS, PROMESAS, VOS SABÉS CÓMO ES ESO... DE CUALQUIER FORMA AHORA YO SOY EL GOBIERNO Y VOS EL PUEBLO. VOY A EMPEZAR A MANEJAR TU ECONOMÍA, TE VOY A AJUSTAR, TE VOY A PEDIR FE PERO VAS A TENER CADA VEZ MENOS...TODO SAZONADO CON UN POQUITO DE MARKETING ...¡Y BASTA DE CANTAR, AHORA DESOCUPADA! MANTENIENDO COMO CORRESPONDE AL GOBIERNO ... QUE HARÁ "SOCIALES"...

¡¡ Y YO QUE PENSÉ QUE ERAS DISTINTO !! ¡SOS IGUAL A TODOS! ¡ COMO MI NOVIO ANTERIOR QUE ME HIZO TANTO MAL !

AH, ESO ME VIENE BÁRBARO...SI ME VA MAL LO JUSTIFICO CON LA " PESADA HERENCIA"

IÓ Y BOLOCCO 2003

GUARDA, SHAKI... ¡ SI TIRÁS EL RAMO PARA ATRÁS YA SABÉS QUIÉN LO AGARRA !

CUALQUIER COINCIDENCIA CON LA REALIDAD ES PURAMENTE INTENCIONADA

Grandes
Sobras
del arte
(Para decorar su casa)

SI UD. DESEA EMBELLECER SU HOGAR... ¡AGARRE PARA OTRA PÁGINA!

Pintura ideal para el cuarto de los chicos. Bella escena campestre donde la madre contiene a su hijo, que se raja a cada rato con su amiguita (y nuestra guita)

Obra del período marketinero, muy útil para tapar otras cosas (manchas de humedad, ajustazo, desocupación)

EN EL PAÍS DEL "ADORNO", LA JUSTICIA, LA SALUD Y LA EDUCACIÓN SON DECORATIVAS...

El "Aníbal" de Miguel Angel. ¿Qué le parece para tenerlo en el living de su hogar? Una pieza única, con cara de piedra, del flamante jefe de gobierno casanovas-playboy-picaflor. Una obra cargada de enorme simbolismo (o combolismo), ya que así quedaremos los argentinos luego de 6 meses más de recesión. Una réplica descansará en la Legislatura porteña en memoria de los ñoquis.

Cuadro para la pared de su escritorio. (Ideal para dejarlos colgados)

Hermosa tela o lienzo del período boloccístico de Da Vinci. Alguien se llevó toda la tela y nos dejó con los lienzos caídos. Vemos como el artista logró una acabada expresión del querubín, que mediante una sutil -muy sutil mueca- le manda saludos a Ruckauf

Nik

115

Cafetín de Bs. As.

VARELA VARELITA

El chupetín te miraba de afuera
como esas cosas que nunca se alcanzan
cacho 'e ñata contra el vidrio
así como es él ... bien frío...
¡Y sin saber qué hacer del país...
Dios miiiiiiiiiiiiiiiiiiiiío!!!

Como olvidarte en esta queja...
¡Ay, Chachín... de Buenos Aires!
Si sos el único en la Alianza
que me deja tan lenteja...

Me diste un rato un puñado de amigos
que son los mismos que alientan mis horas
Flamarique el de la Banelco
Santibañes que aún cree y espera
Y ese Chacho -que se nos fue-
¡¡Pero aún me guía !!
Sobre tus mesas que nunca perdonan
lloré una tarde la primera renuncia
nací a las penas
dormí la siesta
y me entregué sin luchar...

CHACHO, PENSÉ QUE NO IBAS A VENIR...

SÍ, CHUPETE ... PORQUE LA ALIANZA FUE COMO UN MATRIMONIO, Y NOSOTROS DOS NOS DIVORCIAMOS... TOMÁ'...

¿QUÉ ES ESTO?

62 MEDIALUNAS, 31 CORTADOS... ¡ES UNA FACTURA DE "VARELITA"!

¡¡AHORA QUE NOS SEPARAMOS, QUIERO QUE ME PASES LA CUOTA ALIMENTARIA MENSUAL!!

Frenando De la Ruina

¿Y QUIÉN SE QUEDA CON LA TENENCIA DE LOS FREPASISTAS?

SANTIBAÑES ES LA SUEGRA

121

123

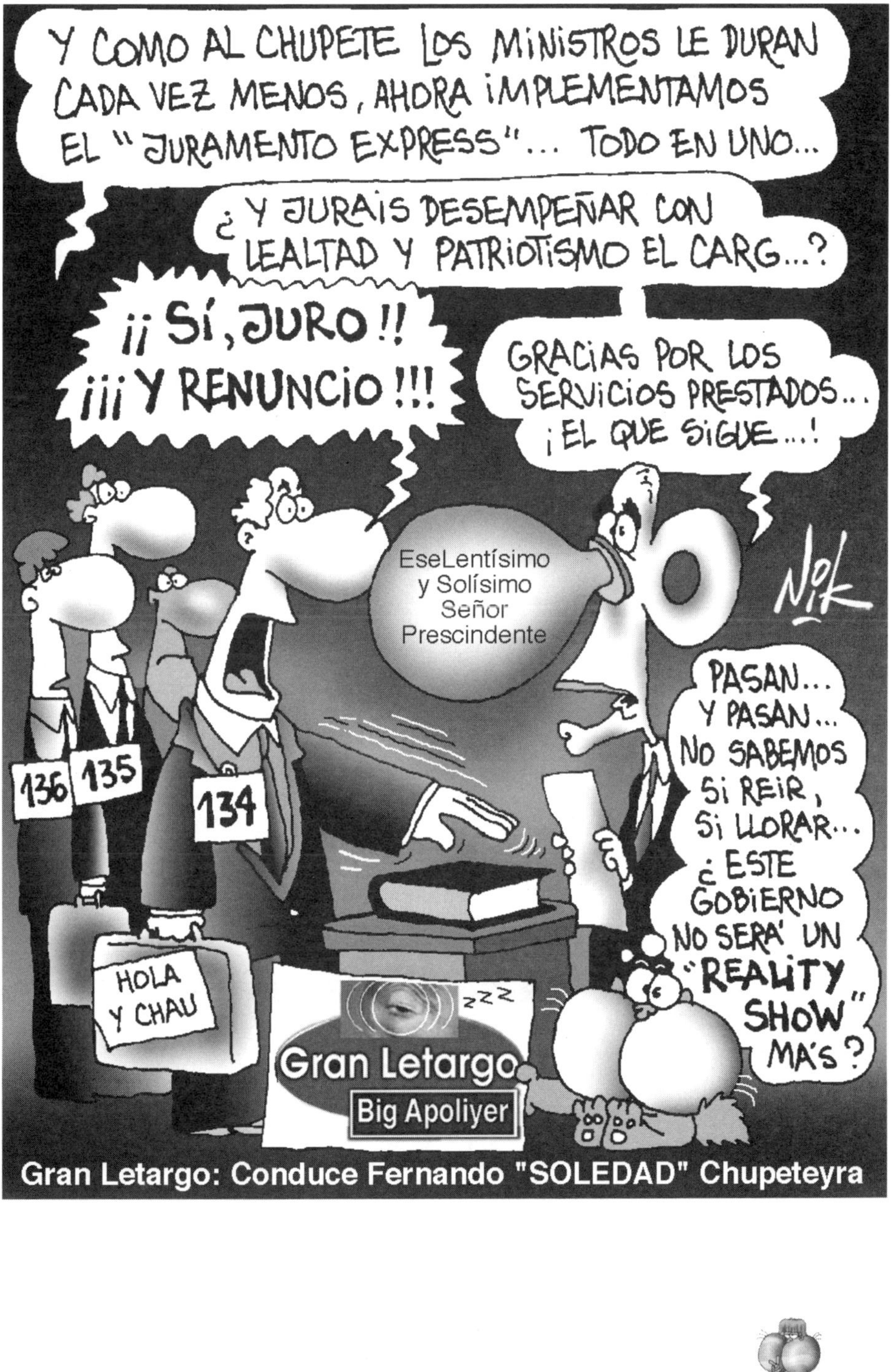

Gran Letargo: Conduce Fernando "SOLEDAD" Chupeteyra

¡QUÉ DESPELOTE TIENE EL CHUPETE CON LOS JURAMENTOS!! ¡NO HAY UN DÍA QUE TENGA EL MISMO GABINETE! ¡LOS MINISTROS ENTRAN Y SALEN, Y PASAN... Y PASAN...
¿JURAN CON EL CÓDIGO CIVIL O EL CÓDIGO FEDERAL?
YA SON TANTOS QUE PUSIERON CÓDIGO DE BARRAS...
SÍ, JURO
SÍ, JURO
SÍ, JURO...
¡¡BIP!!
¡¡BIP!!
¡¡BIP!!
¡BIP!!
SI LLEVA 2 MINISTROS DE ECONOMÍA, VA UNO DE INTERIOR GRATIS
87321542
821372
32401
Mingo®
Le da más
Nik

El Album de Frenando De la Duda y la ex alianza

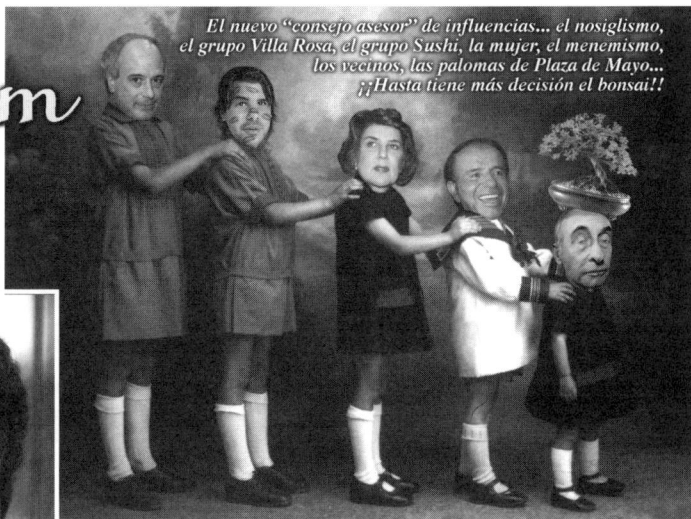

El nuevo "consejo asesor" de influencias... el nosiglismo, el grupo Villa Rosa, el grupo Sushi, la mujer, el menemismo, los vecinos, las palomas de Plaza de Mayo... ¡¡Hasta tiene más decisión el bonsai!!

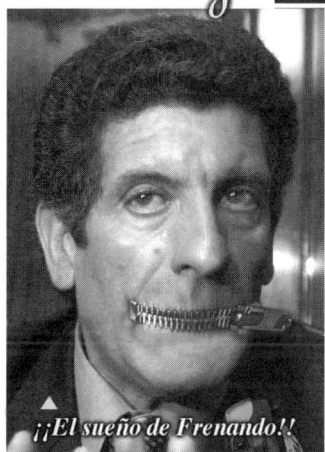

¡¡El sueño de Frenando!!

En sus épocas de bailes de corso, Frenando se disfrazó de "así quedé en el gobierno después de la crisis"

EX ALIANZA

Frenandito y su tío del exterior (Del exterior del partido, más partido que nunca) Ahora le marca los tiempos desde afuera. Como vemos, los dos son una payasada.

Frenandito De la Dudita. Ya de pequeño jugaba con tener un vice que no lo molestara. Y de grande hizo lo mismo, nos metió el perro.

Carlitos hace correr la bola de que todo está mal...¡¡Y salta de alegría!!

LA ALIANZA NO SE ROMPIÓ... ¿CÓMO SE VA A ROMPER ALGO QUE NUNCA SE ARMÓ?

Nik

127

129

131

 133

135

¡Llegó la primavera!

¡El Cotur y FRenando De la arRUgA están a full!

¡Viva el amor!

¡Se juntaron la honestidad con la rapidez hiperactiva!

¡¡Santibañes trajo la canastita... Melgarejo y Cantarero no dejaron ni las migas!!

¡Uno no se fue, el otro todavía no empezó!

ACÁ VA MI PIROPO: AYER PASE POR TU CASA Y TRANSAMO' EN TU DESPACHO BANQUEMO' A LOS SENADORES Y HAGAMO' PELOTA AL CHACHO

FLOR DE TRANSA

¡SIENTO LAS HORMONAS... ESTOY MÁS ACTIVO QUE UN BONSAI SEDADO DURMIENDO LA SIESTA!

¡SE VIENEN LOS CAMBIOS! ¡SE VAN LLACH Y FLAMARIQUE, ENTRAN KOHAN, CORACH, GOSTANIAN Y TONY CUOZZO!

¡Otro pacto que da alergia y nos tiene brotados!

136

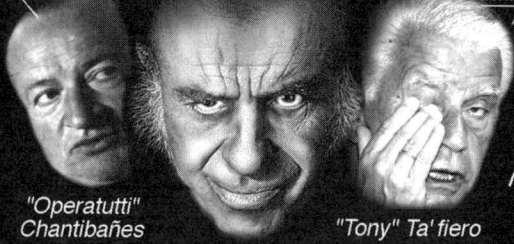

Hay un antihéroe de película que opera desde las sombras

La "operación 2003" iá está en marcha... Inestabilidad económica, despelote institucional y la doble agente Shakira trabajando a full...!!

TODO EL SENADO NOMINADO POR MEJOR ACTUACIÓN DE REPARTO

Tengo un romance nuevo...

Vi todo. No, no vi nada. Más o menos. Vi un cachito...

PROHIBIDA.PARA COIMAS MENORES DE 50000

"Operatutti" Chantibañes

"Tony" Ta' fiero

X-MEN-EM

SI LA ECONOMÍA SIGUE ASÍ VAMOS A QUEDAR TODOS TRIPLE X

La película que no queremos volver a ver

SENSACIONAL EXITO
BANELCO I Y II- BOLOCCO III-ATLAS RECOMETA

RUCKAUF Y DE LA RÚA SE JUNTARON PARA HABLAR DEL MERCOSUR Y LA INSEGURIDAD ... Y ENCONTRARON LA SOLUCIÓN: ESTÁN DANDO UN CURSO INTENSIVO PARA MANDAR A TODOS LOS CHORROS A BRASIL

VAMOS, MUCHACHOS, REPITAN...

"¡VOCÉ DAME TUDA LA PLATIÑA!" A VER...

LA GUITINA O VOCÉ SOS BOLETIÑA

LLEGÓ EL MERCOCURR

138

139

PERO ALASINO...¡EL SENADO ESTÁ QUE ARDE! HAY SENADORES QUE ESTÁN RENUNCIANDO...¡¡ Y A UD. SE LE OCURRE PRESENTAR SU FUTURA CANDIDATURA!!
ALASINO 2007
NO... ¿QUÉ CANDIDATURA? ¡ES QUE ACÁ EN EL SENADO NOS DABAN UN CARTELITO CON EL NOMBRE Y LA CLAVE DE LA BANELCO!

142

mail: nik@gaturro.com

¡Nos mienten olímpicamente!

Sydnik 2000 ™©

El ESElentísimo señor presidente en la categoría "manejo de gobernabilidad". Salió cuarto detrás de la tortuga de Cheek, Mazacane y un bebé que gateaba

¿ABUYIDO IÓ? ¡JA!

Alasino, y la disciplina principal del Senado: lanzamiento libre de sobre. El más pesadito llega más lejos. Son especialistas en manoteo y por supuesto, ganan por afano. ¿La villa olímpica? Su casa.

Chantibañes, quién quiere tenernos a los saltos con la economía, también se destaca en "pinchadura de fonos con jabalina" y "entrega de trofeos" a los senadores.

Ibarra, campeón de natación en Santa Fé y Juan B. Justo (Copa Maldonado) y estilo mariposa en la zona roja.

Tony Cafiero practica "levanta-miento de bocha" (Levanto una bocha de denuncias y miento) Pero como se ve, con tanto repoche de sus colegas ya está con la paciencia por el piso.

El vicepresidente salió desforado con los tapones de punta contra el Senado.

Flamarique trabaja brazos (con tantos sobres que repartió). Está entrenado con los "fierros" sindicales, pero es muy aparato en política. También hace bicicoima fija y estiramiento de biceps y banelquiceps.

mita y mita

Quiere meter a todos en cana. Chacho, just do it.

Nik

143

¿QUÉ OPINAN LOS SENADORES DE LA RENUNCIA DE CHACHO?
¡Y... ESTAMOS CHOCHOS! ¡SE FUE EL BUCHÓN! ¡LOS SENADORES ESTAMOS DE FIESTA! ¡¡CANTARERO SE QUEDA CON SUS 6 DEPTOS, MASSAT SE QUEDA CON TODAS SUS PROPIEDADES, ALASINO CON SUS 8 CASAS... Y EL RESTO DE LOS SENADORES NO BAJAN DE 4 ó 5 PER CÁPITA...!
¿Y QUÉ OPINAN DE PATRICIA BULLRICH?
¡¡NOS VIENE AL PELO!! ¡¡AHORA TENEMOS UNA MINISTRA CON NOMBRE DE INMOBILIARIA!!
ESE PACTÍSIMO SR. PRESCINDENTE FRENANDO DE LA PÚA
SIN CHACHO... ¡EL ESTABLISHMENT POLÍTICO CON "BULLRICH" SE VA A HACER UN SHOPPING!
SENADOR NEWRICH
Nik

YOMA...¿QUÉ LE DIRÍA A CHACHO, A MOYANO Y A CAFIERO?

¡¡NOS LAS VAN A PAGAR!!

¿Y QUÉ NOS PUEDE DECIR DE LAS PRÓXIMAS LEYES QUE QUEDAN POR APROBARSE?

Y... LO MISMO...

SEÑORES... EN EL CONGRESO YA ESTÁ TODO ACLARADO. LOS SENADORES ME DIJERON QUE NO VIERON NADA, QUE NO ESCUCHARON NADA, Y QUE YA SE OLVIDARON DE TODO... ME HICIERON ESTE GESTO...

¿TODO OK?

NO... DOS CEROS MÁS...

LIPORACI... ¿CAFIERO LE APORTÓ LOS NOMBRES EN UN SOBRE?
SÍ, SÍ... HE RECIBIDO NUMEROSOS DATOS EN CARTAS, MISIVAS, ENCOMIENDAS...
¿NOS PUEDE REFRESCAR LOS NOMBRES?
SÍ, COMO NO... LOS SENADORES CUESTIONADOS SON: GEORGE WASHINGTON, JULIO ARGENTINO ROCA, DOMINGO FAUSTIN...
AH, NO, PERDÓN... ME EQUIVOQUÉ DE SOBRE...
¿LA ARGENTINA? AH, SÍ... SON UNOS TERRENITOS QUE SOBRAN ALREDEDOR DE LA CASA DE ALASINO Y DE LIPORACI...
SENADOR CASH-TARERO
Nik

¡¡Harto de estar de re podrido ya se cansó y canta sus verdades!!

Aquí me pongo a opinar
con bastante compromiso
desculpenmé si deslizo
frases jüertonas de apuro
pero con el senado les juro
me vienen rozando el piso

Muchas cosas pierde el hombre
que a veces las güelve a hallar
más es güeno aconsejar
que al senado no lleve verde
porque si la billetera pierde
jamás se güelve a encontrar

Hacete amigo del juez
y no se hable más de eso
que importa si es medio queso
o si su justicia fracasa
me preocupa que su casa
sea más grande que el Congreso

Y el Cafiero me gaguea
no me dice nada nuevo
doble descurso no quiero
y al tero él ha imitado
el nono grita en un lado
y en el otro pone el güevo

Yo sé que a veces me enojo
si me toman por tarado
estoy bastante indignado
con tantito delincuente
miren si estaré caliente
que largué el codificado

Los senadores sean unidos
porque esa es la ley primera
tengan unión verdadera
en cualquier curro que sea
porque si entre ellos pelean
se la afanan los de afuera

Ya se parece al correo
la cargan en carretilla
esto es cosa de pandilla:
que votés la ley y cobres
no sólo curraron sobres
no quedó ni la estampilla

El Martín Fierro
Enojadísimo
¡No perdona a naides!

por Nik

Les juro estoy re-podrido
camino y me hacen un surco
porque haiga tanto hurto
y senador rapiñando
las migajas van rajuñando
de lo poco que dejó el turco

Cuánta bronca me da esto
pa' que la lengua me muerda
sigan nomás dando cuerda
que yo por qué me prigunto
no se van tuitos juntos
un poquito a la misma juerga

Escuché que garpó la SIDE
y yo por eso protesto
si ya venía indigesto
por vivir en la Argentina
aura sé ande termina
la guita de los impuesto'

Y está el tal Santibañes
que pa qué sirve no entiendo
su aporte yo no comprendo
la función de este muchacho
Lo quiere bajar al Chacho
pa' serguirla repartiendo

Les digo estoy saturado
todos cansados me tienen
ni quiero oir más de Menem
ni del gobierno anterior
los de ahora... ¡¡por favor!!
¡y ya me quejo de los que vienen!!

Y ahí anda este Antonito
con "Valderrama" Shakira
los nombro y ya me da ira
pensar que armó la campaña
la vida a veces te engaña
verás que todo es mentira...

Me acuerdo de las promesas
que hacían a toda orquesta
que se iba a acabar la fiesta
que el Tango iban a vender
cuando llegan al poder
saludan y dicen...¡esta!

Yo sé que todo es muy fashion
cuando el poder te acomoda
autitos, ropa de moda
de verlos me da calambre
saber que hay gente con hambre
y estos están viva la joda

Y se las voy a chantar
si la bravura me deja
si este gobierno maneja
les digo parece un guiso
porque hay bastante chorizo
y ahí arriba muy lenteja

153

CAFIERO... YA TODO EL MUNDO HABLA DE LOS "FAVORES" EN EL CONGRESO...¿UD. CREE QUE ALGUNOS MIEMBROS DEL SENADO SON MEDIO CORRUPTOS?

BUENO... SI LOS MIRAMOS ASÍ...

DE LA RÚA...¿CÓMO EXPLICA ESTE AUGE DEL DEPORTE ARGENTINO?

LO DEL CANOTAJE NO ES SORPRESA PORQUE HACE RATO QUE LOS ARGENTINOS VIENEN REMANDO

¿Y EL VOLEY?

ESO ES GRACIAS AL SENADO, PORQUE SE PASAN LA PELOTA EL UNO AL OTRO

¿Y EL HOCKEY?

BUENO...UDS. SABEN...SIEMPRE HAY ALGUNO QUE SALE CORRIENDO CON UN PALO...

A TERRAGNO LO DEJARON PEDALEANDO

Nik

Recién llegadito de España,
pariente del hidalgo caballero Don Quijote de la Mancha...

Don Chupete de la Plancha (y Sancho Machinea)

DIRÁN QUE ESTOY LOCO, SANCHO, PERO YO VEO UN PAÍS LLENO DE TRABAJO, DE INVERSIONES, UN GOBIERNO FUERTE, UNA ALIANZA PODEROSA, UN SENADO LIMPIO DEL QUE YA TODOS HABEIS OLVIDADO... Y ESTOY RODEADO DE CABALLEROS...¿O CAVALLISTAS?

¡PERO ABRID LOS OJOS, DON CHUPETE, DESPERTAD! ¡LA ECONOMÍA ES UN DESASTRE! ¡Y YO MONTADO EN ESTE CAVALLO QUE EN CUALQUIER MOMENTO ME TIRA! ¡DEJAD DE LUCHAR CONTRA MOLINOS DE VIENTO! ¡DEJAD DE ACUSAR DE GOLPISTAS A LOS QUE CRITICAN!

LADRAN, SANCHO... LADRAN... SEÑAL DE...

¡¡¡SEÑAL DE QUE HACE 1 AÑO QUE ESTAMOS EN EL MISMO LUGAR!!!

CHUPETE DE LA PLANCHA

DULCINEA "SHAKIRA"

← TABERNA "CASTILLA CASTILLITA"

Y EN UN LUGAR DE LA ARGENTINA, DE CUYA RECESIÓN NO QUIERO ACORDARME...

162

164

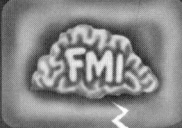

167

EL FILÓSOFO Y SOCIÓLOGO ARGENTINO PROFESOR GONZÁLEZ PARDO MOSQUEIRA ESTUDIÓ Y SE CAPACITÓ DURANTE AÑOS, DICTÓ SEMINARIOS SOBRE HUMANISMO, EXISTENCIALISMO, DETERMINISMO CONCEPTUAL...

POSTGRADO EN COLUMBIA, DOCTORADO CON HONORES EN HARVARD... FINALMENTE LA ARGENTINA, HACIENDO GALA DE TAN ELEVADA PERSONALIDAD DE LA CULTURA, LE DIO UN MERECIDO LUGAR PARA EXPRESARSE...

Y PODEMOS OBSERVAR UNA CUOTA DE NIHILISMO TRASCENDENTAL EN EL PENSAMIENTO LATERAL DE GASTÓN CUANDO LE PREGUNTA A ELEONORA: "¿NO VISTE MI ZOLCILLONCA?"

A Gastón le gusta:

Chichis: 22%
Masita: 78%

Martín ¿Se rasca?

Derecho 57%
Izquierdo 43%

Y PARA DESPUÉS DEL CORTE: "LA TANGUITA DE NATALIA" ¿REALISMO METAFÍSICO O IDEALISMO ORTODOXO?

Gran Hueveando
Big Aldoper

Nik

169

SU SANTIDAD... ME HAN RENUNCIADO MINISTROS... CAMBIÉ EL GABINETE MIL VECES
ECO, FILIO MIO... ME HE ENTERATO DE CUESTI DESPELOTI... EGO TE PERDONO. TE DOY DUE PATERNOSTRI...
A LA GENTE LE HICE PROMESAS
¿PROMESI? ¡MADONNA SANTA! ¡NON CUMPLISTE UN SOTI! ¡EGO TE DOY 8257 PATERNOSTRI E 5782 AVEMARÍA!
Y PADRE... DÍGAME ALGO DE LA ALIANZA Y DE MI ROL COMO CONDUCTOR DE LA ARGENTINA...
MA NON, CHUPETI... ACÁ NON. SECCIÓN "EXTREMAUNZIONE" E AL FONDI A LA DERECHA
NIK
VINI, VIDI, SIESTI
¿VATICANO O BATISTUTA?
SALDI
DOLCE & GABBANA
¿LOS PARIENTES VINIERON POR LA "BENDICIÓN" O POR LA "LIQUIDACIÓN" DE VÍA VENETO?

171

Reunión de hoy en el Vaticano

173

175

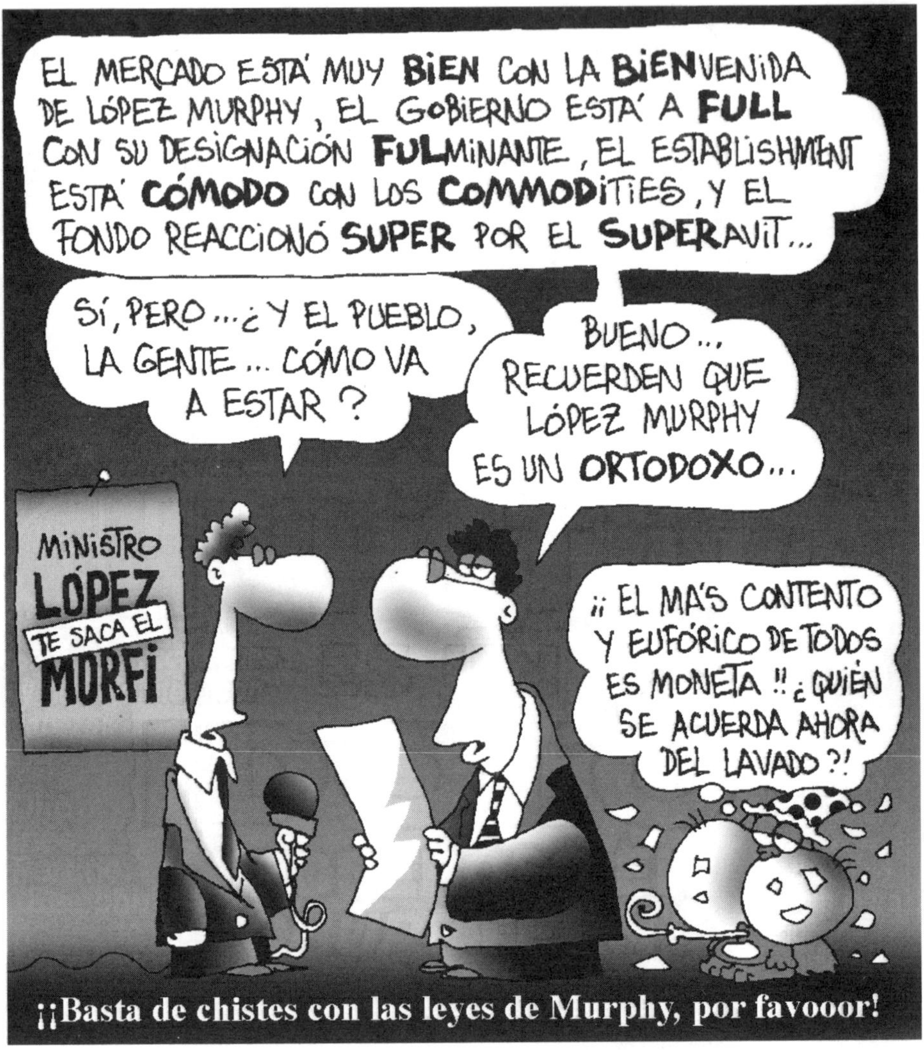

¡¡Basta de chistes con las leyes de Murphy, por favooor!

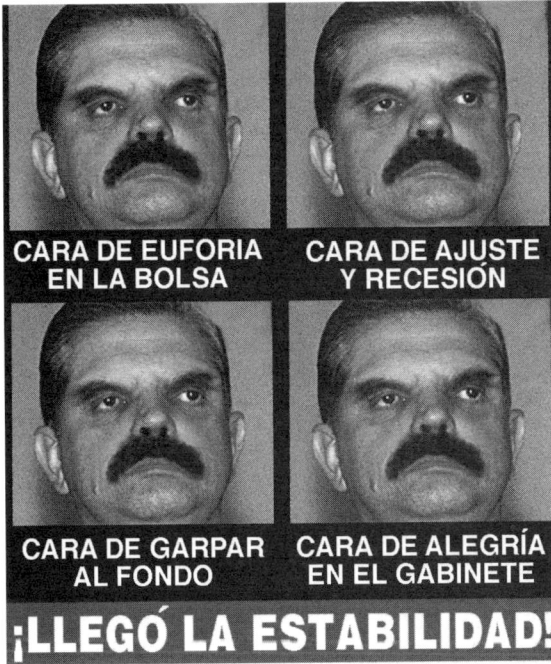

EL JUEGO DE LA SEMANA
ENCUENTRE LAS 7 DIFERENCIAS

Solución: No hay.

El Álbum familiar de López Murphy

(No-ves-morfi)

Desde muy pequeño siempre estuvo tan apegado a su mascota que sacó sus rasgos. Amante de los animales (puede verse en su manito izquierda) la inconfundible posición de "poniendo estaba la gansa"

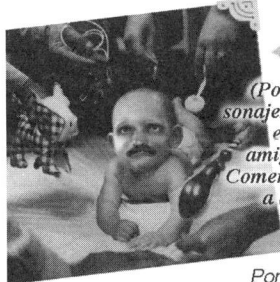

El Clan López recién llegado de España (de la localidad de Tegobi). Parientes cercanos de los De la Rúa, sacaron su misma capacidad expresiva. No están todos, por razones presupuestarias hubo un "recorte de parientes" y se les dio el retiro voluntario a 5 tías bigotudas.

¡ME RECORTARON EL HUESO!

En su primer mes comenzó con la reestructuración. (Podó regalos, suprimió sonajero, chupete, pañales, echó a la niñera y a 8 amiguitos de salita rosa) Comenzó a caminar recién a los 18 años, para no gastar en zapatos.

Por Nik

Codito de oro

Ricardito, en una foto premonitoria, nos devela cómo quedaremos los argentinos. Y certifica, ya de niño, su posición ortodoxa.

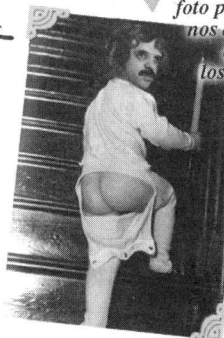

FOTO DE LA GRADUACIÓN (NO SE REVELÓ, POR REDUCCIÓN DE FONDOS)

El abuelo L. Murphy, recortó todos los gastos de teléfono del pueblo. E implementó un plan para comunicarse a través de la ducha.

Junto a Chupete, su amigo de juventud, ya daban cursos de ahorro de cómo "compartir gastos". Iniciaron la época del consumismo...con su mismo traje. (chiste reciclado por falta de presupuesto)

179

Las leyes de López Murphy

✓ Si te ratifican 10 veces por día, te acompañan a Mar del Plata y anuncian nuevas medidas es probable que te estén usando para el "trabajo sucio" antes de echarte...

✓ Si crees que la economía anda mal, que el país es un caos, piensa que siempre se puede estar un poco peor...

✓ Si crees que 10000 millones de dólares pueden sostenerte, piensa que Cavallo está en su casa, aburrido y con la mujer al lado dándole ideas...

✓ Y si finalmente todo sale bien, la economía se recupera y los índices empiezan a mejorar, piensa que en cualquier momento Alfonsín puede olvidarse de tomar la pastilla.

REACCIONES DE LA GENTE DURANTE LOS ANUNCIOS DE LOPEZ TE SACA EL MORFI

1. AL COMENZAR...
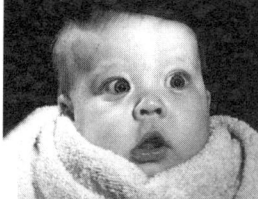

2
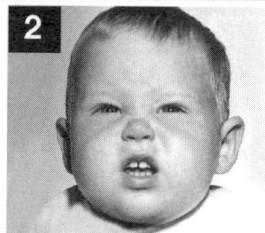

3
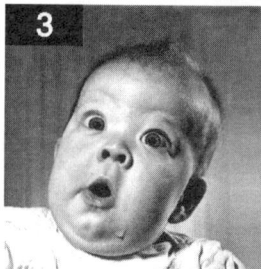

4. AL FINALIZAR...

183

185

187

NOS ENGAÑARON DURANTE 10 AÑOS CON LOS NEGOCIADOS, LA CORRUPCIÓN... NOS ENGAÑARON CON LA ECONOMÍA... NOS ENGAÑARON CON LAS PROMESAS, LAS CAMPAÑAS PREELECTORALES... POR ESO INVENTAMOS EL "MENTIROSÓMETRO"
¿Y ESO QUÉ MIDE?
EL RIESGO-NARIZ
MENTIROSÓMETRO
Dic.'99 Oct.2000 Mayo 2001
COTUR CON ESPOSAS
ES EL ÚNICO RUBRO DONDE HUBO CRECIMIENTO...
SON DE MADERA COMO PINOCHO
Nik

191

CAVALLO... ¿ UD. SE CONSIDERA SUPERMAN ?
SÍ, SÍ... SOY SUPERMINGO, TENGO MÚSCULOS DE ACERO PARA REFORMAR, REACTIVAR Y SALVAR A LA ECONOMÍA... ¡¡ SOY SUPERPODEROSO !!
PERDÓN... ¿Y DE LA RÚA ?
AH, SÍ... TAMBIÉN LE DIMOS UN ROL DE SUPERHÉROE...
FÍJESE... OOH... ¿Y AHORA QUIÉN PODRÁ EMBOLARNOS ?
¡¡¡ YOOOO !!! ¡¡ EL CHUPETÍN DEVALUADO !! ¡NO CONTABAN CON MI... CON MI... !
¡QUE NO PANDA EL CÚNICO EN LA CITY !
$
SUPERDOLAPE
CH
¡SALUDOS A VIDEOMATCH !
¡TIENE UNA DINÁMICA ! ¿LE DIERON CON LA CHICHARRA PARALIZADORA ?
Nik

Patanes en el ring...
hoy se vuelven a enfrentar...
con sus caras de fierro
y el poder
de su parla sin verdad...

¡Regresa la lucha libre por el 2003 con todos sus personajes...!

PATANES EN EL RING

① Carlín Karadechant

El ídolo de los chicos, el gran creador de todo este circo. Y la toma que lo inmortalizó junto a la Bolocco: "el cortito". También interpretó a Tufic Menem, el árabe que llega del desierto con varios "camelos"

② La momia

Para no cargar las tintas creemos que no es necesario explicar de quién se trata. Compuso además el personaje "El hombre vegetal" y el tierno "Payaso Pepino"

③ Liporaci "William Woo"

El juez de las peleas. Arbitrario y poco confiable. Se hace el woo-loo-do con la justicia. Empezó dirigiendo en un ring de 2 ambiente y hoy tiene una casa más grande que el Luna Park.

El Vikingo Colombo ④

También conocido como el "hombre montaña". En su peso compite con Gostanian Ancho Peucelle.

⑤ Machinea, el caballero rojo

Vestido de blindaje, todas sus cuentas están en colorado. Su golpe más letal: "el torniquete de impuestos" o la "doble nelson" (te duplica el laburo)

⑥ De la Sota, Mr. Moto

Por su peinado "chapas hacia atrás" le preguntan ¿Dónde dejaste la motoneta? Ya viene con casco

⑦ Cantarero o Tancarero "El ejecutivo"

Siempre llega con su valijita, secundado por Alasino (El mercenario Joe) Ocupaba una banca en el rincón, pero le sacaron el banquito.

← El hombre de la barra de hielo del Varela Varelita. Constantemente tratando de romper el cubito. No le gusta dar pelea, cuando algo se pone feo, raja.

⑧ Kangai, el mingol

Pelado y patotero llega todo el tiempo buscando roña. No le tiran la toalla, le tiran la servilleta.

Y siguen... La "hiena" Ruckauf, La viudita MaryJú (la mandaron al muere) Di Sarli y Bocacci (Lopérfido y Ostuni) El pibe 10 (Giavarini)

VISÓN

CARLÍN KARADECHANT

BONSAI

por Nik

¡ELLOS SE PELEAN PERO LAS PIÑAS LAS RECIBIMOS NOSOTROS!

193

CÓMO SE NOTA LA INFLUENCIA DE CAVALLO...
¡¡ EN LA ROSADA TODOS LOS BONSAI
ME QUEDARON PELADOS !!

LA VERDAD QUE DE LA RÚA ES UN GRAN COMU-
NICADOR Y SINTETIZADOR DE IDEAS... ME HACE
AHORRAR MUCHO TIEMPO. POR EJEMPLO ACÁ
DICE: "EL 2001 SERÁ UN AÑO FANTÁSTICO, LLENO
DE CRECIMIENTO E INVERSIONES... SERÁ EL AÑO
DEL DESPEGUE"

¿Y ESO LE
HACE
AHORRAR
TIEMPO?

CLARO...
¡NO TENGO
QUE IR HASTA
LA PÁGINA DE
LOS CHISTES!

195

HACE COMO UN MES QUE VENGO HABLANDO DE CONFIANZA Y CRECIMIENTO...

¡¡Y HASTA AHORA LOS ÚNICOS QUE ME CREYERON SON LOS 3 PELOS LOCOS QUE TENÍA!!

La Bocha Lisa

Célebre lienzo (bajado) del final de la época recesionista. Su enigmática sonrisa primero te conquista y después te saca toda la tela. Al Chupete lo dejó pintado al óleo...

¡Esperemos que no nos vaya como la MONA!

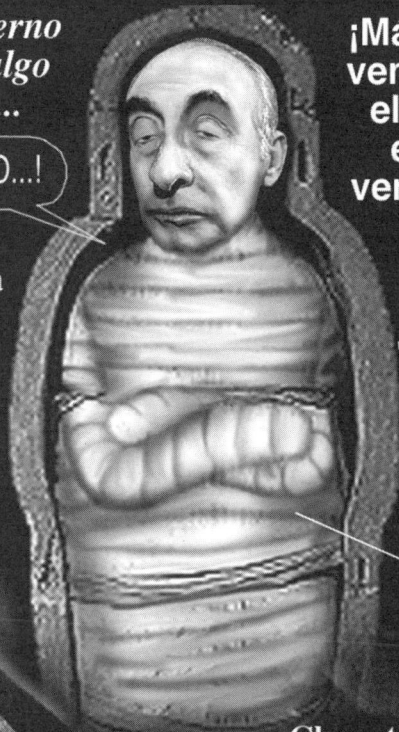

DE LA RÚA ... ¡NOS ESTÁN ROBANDO EL CALAMAR A 200 MILLAS DE LA COSTA !!
ES QUE EL CALAMAR NO PIENSA ... ¡LE PRENDEN UNA LUZ, UN REFLECTOR, Y VA DIRECTO A LAS REDES ...!
¿UD. SABE DE BIOLOGÍA?
NO... LO TENGO VISTO A RUCKAUF
¡LUZ, CÁMARA!
¡¡SÍ, ACÁ!!
¿Por qué no se llevan a los "Sushi"?
CON MONETA EL CALAMAR SALE LAVADO
Nik

DR. MENEM... ¿ASÍ QUE ABRIÓ SU PROPIO ESTUDIO DE ABOGACÍA?

CLARO... LABURO NO ME VA A FALTAR... PUEDO DEFENDER A ALDERETE, MARYIÚ, BEIO, MAIORGA, SOFOVICH, DI TELLA...

¿Y POR QUÉ LOS MANDARON A DECLARAR A TODOS EN LA MISMA SEMANA A LA JUSTICIA?

FUE SUGERENCIA DE PACO MAIORGA, EX SECRETARIO DE TURISMO...

¿Y PARA QUÉ?

CONVIENE NEGOCIAR POR PAQUETE, CAPAZ NOS HACEN UN DESCUENTO EN LAS PENAS POR CONTINGENTE NUMEROSO

Menem & Asociados ¿O ensuciados?

LA QUE HIZO UN TURISMO BÁRBARO AL EXTERIOR FUE LA GUITA...

EL TOGA

LA TOGA

Caimán

mail: nik@gaturro.com

203

204

SR. JUEZ ... FINALMENTE ALDERETE QUEDÓ DETENIDO Y PRESO...
SÍ, PERO NO CREO QUE PODAMOS RETENERLO POR MUCHO TIEMPO...
¿NO HAY PRUEBAS?
¡PRUEBAS HAY A PATADAS! ¡PERO SE NOS ESCAPA POR ENTRE LOS BARROTES!
MÁS QUE UN COCODRILO EN EL BOLSILLO TIENE A TODAS LAS ISLAS CAIMÁN
JAULITA PARA HAMSTERS
LAUCHÓN RATERO
Nik
nik@gaturro.com

207

CHUPETE... HAY DOS AGENTES RUSOS DE LA KGB, DICEN QUE ESTÁN BUSCANDO POR TODO EL MUNDO FRAGMENTOS CAÍDOS DE LA ESTACIÓN MIR...

NO, NO... DECILES QUE POR ACÁ LO ÚNICO QUE CAYÓ FUE EMIR

Mingo les llenó la canasta

EL NUESTRO ES MÁS PESADO, Y AL CAER DESPARRAMA POR TODOS LADOS

DE LA RÚA SE TUVO QUE REUNIR CON JIANG ZEMIN, POR ESO LE DIMOS UN CURSO ACELERADO DE CHINO...

A VER SI VOY BIEN, GABINETE SE DICE: "CHO-CHO-CHIN-CHA-CHO", CAVALLO SE DICE: "BO-CHÍN-CHIN-CHU-DO", MENEM Y BOLOCCO SE DICE: "CHAN-TÚN-CON-CHI-CHO-NEO"

MUY BIEN, CHUPETE... ¿Y CÓMO SE DICE "YOMA"?

"CHO-CHÁN CON-CHO-REO"

CHU-PETE PLAN-CHÍN

CHINO BÁSICO

ZEMIN VENIL A CONOCEL A LOS MAESTLOS DEL CUENTO CHINO...

10 años más tarde...

Luego de Hannibal Lecter...
Llega el Dr. hAnnillac Mendez...

¡¡ El rey de la "mordida" !!

LECTER SE "CAMUFLÓ" DE POLICÍA...
JE, JE... ¡¡¡O HACE 15 MESES QUE
VENGO GOBERNANDO CON LA
PIEL DEL CHUPETE EN LA CARA,
Y NADIE SE DIO CUENTA!!

MMM...
ME LASTRARÍA UN
RUCKAUF " A LA PROVINCIAL"
Y UN CHACHO " A LA VARELITA"
DE POSTRE...

El precursor del
"canibalismo político"
se morfó de todo...

*Se fagocitó a la UCD, al
peronismo, al sindicalismo,
a la shilena... y se está por
manducar a la Alianza !!!*

¡¡ Y a nosotros nos
hizo comer cada verso !!

Dijo Pou:
*"Yo le haría un
lavado de estómago"*

Dijo Moneta:
*"Tengo una lista de enemigos...
Doctor...¿Le paso el menú?"*

Dijo Antonito:
*"Para él, el grupo Sushi
es una picadita"*

Dijo Elisa Carrió:
"¡¡Dejame algoooo!!"

Dijo Balá:
*"¿Qué gusto
tiene Saúl?"*

*Debería estar en cana,
pero anda suelto
por Recoleta...*

*Tiene todo
cocinado, pero
te come crudo...*

Nik

HANNILLAC

*Caiman
productions
presents*

Y la
doble agente
Cecila Bolonqui
está dispuesta
a cazarlo...
¿¿O casarlo??

¡¡ QUIETO, GÜEVÓN !!

La secuela de...
El silencio de los
Indecentes

*Si te cae pesada,
la vas a repetir...*

ME
INDIGESTA...
LA VERDAD,
NO LOS
PUEDO
TRAGAR...

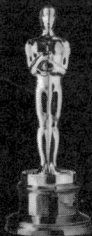

HAY UN SER OCULTO QUE MANEJA A SUS 3 ESPIAS...

Desde algún lugar de las Caimán él se comunica con sus chichis...

¡HELLO, CHARLIE!

SHAKIRA

Es la doble agente de Charlie Se hace pasar por novia de Antonito y así obtiene toda la información ultrasecreta de la Alianza Envía a Charlie todos los datos encriptados en sus canciones, los mensajes se escuchan pasando la cinta al revés.

Dijo De la Rúa: ¿Es una peli de mucha acción? Ah... Entonces mi gabinete no debe estar...

CECILIA

Es su agente más eficiente. Simula ser su pareja pero es en realidad la jefa del operativo "Volveremos". Sabe seducir, actuar, llorar.Su misión, ser "Isabelita II". Ya tienen slogan para el 2003... "Viagra lo hizo"

ZULE

Es la más rebelde. Está bolocca por Cecilia. A bordo de su moto último modelo sale siempre con su transmisor en la oreja (por si hay algún examen)

Dijo María Julia: "¡¿Y a mí por qué me sacaron del casting?!"

Mision: Retorno 2003
Esta información se autodestruirá en 5 segundos
[Casi lo que duró la Alianza]

LOS ÁNGELES DE CHARLIE

UNA PELICULA QUE SE YE-YEPITE...

Un film con increíbles efectos especiales: por ejemplo, que Charlie juegue bien al golf, que haga creernos que su romance es auténtico ¡¡¡o que terminemos pensando que su gobierno fue bueno!!!

¡SI HABRÁN CORRETEADO ANGELITOS POR LOS JARDINES DE OLIVOS!

¡A MI POLOLA BOLOCCO IO LA TENGO ASEGURADA! ¡CON EL BLINDAJE DE SUIZA Y CAIMÁN!!

Con la recesión, la presión del FMI, la herencia del turco y la modorra del Chupete... ¡¡Pronto vamos a ser 35 millones de ángeles!!

SENSACIONAL EXITO-ALTO BOLOCCO III-MARY JUL... ...ASEO XUXA II-PATIO YUYITO 69-SOFOVICH CATS

49

212

213

214

CECILIA BOLOCCO... ¿QUÉ NOS PUEDE DECIR DE SU POLOLO, CARLOS MENEM ?
IÓ AL CARLO LO QUIERO... TENEMOS MUCHAS COSAS EN COMÚN ... PARA ACERCARME A ÉL TUVE QUE JUNTAR FUERZA, JUNTAR ÁNIMO, JUNTAR CORAJE
¿Y QUÉ LA SEDUJO DE ÉL ?
QUE LA JUNTÓ TODA...
¿ EL ROMANCE ES AFECTIVO O EFECTIVO ?
ISABELITA DEL 2003
NIK

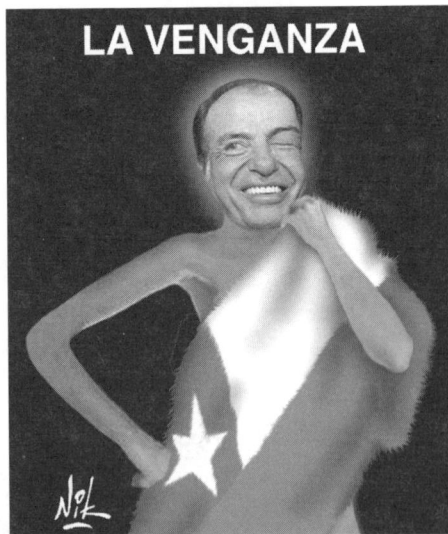

222

Cruzó la cordillera para encontrarse con el abuelito...

Heidi
Bolocco

Desde
Anillaco
a Suiza...
(Los bancos
suizos)

ió 2003

EL YEFUGIO

ViNOS MENEM

Abuelito dime tú...
por qué me odia tanto la "Zu"
Abuelito dime tú...
por qué pareces Belcebú
Dime por qué viajas a Caimán
dime por qué tanta "lana" hay
Abuelito... siempre ió de ti me colgareeé...
ióiavoyióiavoyióiavoycotur... (estribillo tirolés)

¡¡HEIDI!!
¡¡A COMER!!
¿QUESO, LECHE
Y PAN? NOOOO...
¡¡PIZZA CON
CHAMPAGNE!!

PISTA DE
ANIIIACO.
EXPORTO
ACEITUNAS...

Abuelito dime tú...
¿podré destronar ió a la "Su"?
Abuelito dime tú...
Querés hacer la de "Cocoon"
Dime por qué eres tan chantún
dime dónde está tu juventud
Ahuelito... dime si te da algún patatús
ióiavoyióiavoyióiavoycotur...(repite)

¿DÓNDE
ESTA MI
NONO
POLOLÍN?

De las verdes praderas baja
el yedi (o el que te jedi...)

Dijo Mary Jú: ¡Qué lindo!
¿No hay un tapado de oveja?

Dijo Chupete: "A mí me dicen Pedro,
estoy en la Rosada contando ovejitas...
zzzzzzzzzzzzzz "

Dijo Sofovich: "Esto me encanta,
está llenos de chivos"

Abuelito dime tú...
por qué el pueblo está con ragú
Abuelito dime tú...
de tu gestión no hablás ni "mu"
Dime qué es este "Viagra Plus"
porque ió si no me tomo el bus
Abuelito... dime cuando iega el gran alud...
ióiavoyióiavoyióiavoycotur...

SIGAN
MEEE...
MEEEE....
MEEE...

EL ABUELITO
QUIERE QUE
EN EL 2003 LO
VUELVA A SEGUIR
EL REBAÑO...

Abuelito dime tú...
por qué torra tanto De la Rú...
Abuelito dime tú...
por qué iá no ve la luz
Dime por qué tanta lentitud
dime si quedó alguna virtud
Abuelito... si iá no podés me voy con Bush...
iámevoyiámevoyiámevoycoturchaucoturbyebyetoyou...
(estribillo tirolés... tirolés bolas de nieve)

A LA GENTE
LA ESQUILAN
Y ELLOS
SE QUEDAN
CON LA "LANA"...

por Nik

223

Al estilo de León Gieco con "Orozco"

TODO CON "O"...

Bolocco con pololo gnomo

Yo los conozco, son pololos los dos.
Bolocco ¡Ojo! mostró todo, probó
pochoclo, morfó pollo, tomó boldo,
mostró lomo, globo, hombro, sopló horno,
bolso blondo con cromo rojo.
¡¡¡Todo corso!!!
Otro, soñó trono. Fogoso, jocoso, como
Pocho, gnomo pololo pro bombo con
rollo fofo como nono gomoso con tos,
córcovo como mondongo, jopo hoy no...
¡¡Fósforo!! Golf con ocho hoyos
monótonos ¡¡Tronco!! ¡¡Dogo!!
Chocho con Bolocco...¡voló bocho,
voló coco! Rogó mocoso. Posó fotos
con torso, con dorso, sollozos, corchos,
mozos, moños... Costoso como loto
con groso pozo... ¿o foso hondo?
¿Potro? Noooooooo... Coloso oblongo
con moho ¿hongos? Zorro como pocos,
lobo como otros... ¡Fox! Tonto no, Nos
sonrojó con tongo poco honroso,
con lodo polvoroso , todos chorros
horrorosos, todos dolosos...
¡Otro zoo! ¡Nos colmó!
¡Sofocó! ¡Rostro roto! ¡Coto! Doctor
Gnomo con moto, con Volvo...
Nosotros crotos sólo con locro chongo...
¡Nos horcó! ¡Poco ozono! ¡Colonos!
¡Todos solos ! ¡Tocomocho!
¡Hoy no voto dos sotos!! ¡¡Osooooo!!
¡¡Son todos ogros roñosos! ¡Sordos!
¡Hoscos! ¡Poco foco, borroso!
¡cómodos!
Como clón plomo...
voto forzoso...
¡Codo! ¡¡¡Cómo torró!!!
¿Los votó?
¡¡Zonzo!! ¡¡Bobo!! ¿Yo? ¡Bordó!!
¡Como loco hoy los boto!! ¡¡go off!!!
¡¡¡Todos socotrocos!!!
¡¡Tocó fondo!!
¡¡¡Oh, God!!!
¡¡¡Socorroooo!!!

Y PARA
LA ACCIÓN
DE GOBIERNO,
TODO CON "i"...
¿Y?

TODO CON "E"...

Menem jeque mequetrefe

Menem célebre meterete en el
kermesse del Pete, que es lentej...
Chévere jeque, jefe pedestre efervescente,
tremens demente, hereje del gérmen
emergente en plebe rebelde...¡¡Denle flete!!
El que debe verde, que le preste.¿eh?
Crece el verde en el membrete,
el Pete pelele, vehemente gerente en tele,
debe semestre. ¡Excelente! ¡Ehhh!
Destételen en el éter, que este
ente s/temple desde que cede,
es enclenque. ¡¡¡The end!!!

TODO CON "A"...

La lacra charlatana

Agazapada hasta la salvajada,
la zarpada lacra bacana achaca a la
flaca masa apañada. Avara, fanfa, banana,
achanchada, gran zapán, relajada la
plaga...¡Sátrapas!
Zafan macanas ¡Araca la cana! , barajan
mañas, cachan a papanatas, tanta cháchara
grabada a la cámara, palabras falsas,
gargantas chantas... ¡Basta, hampa, manchan
a las almas, canallas! ¡Agasajan a la
Casa Blanca! Ahhh... Farsa, lanzan trampas
a la marchanta. Bajan caña a rajatabla,
afanan a paladas, ¡Amalaya! Tanta falla
macabra, tanta chatarra, sacan facha
a la pantalla hasta las tapas.
Acá agarran tajada salada nada sancta...
¡Taca-taca! Hay mala saña ¡¡Cada malandra!!
La caja plagada... acaparan la manzana
a las anchas...¡¡Sacan tantas gambas!!
¡¡Catch and daca!! garra a la lata...
chanchadas, payasadas, chanzas,
blanca farra, jarana, danzan, baba,
matracas, amadas damas a las sábanas...
¡Caramba! ¡Arrancan casacas! ¡Alalá!
Faltan agallas, faltan gafas, lavan palmas
y rajan...
¡¡Nadan la plancha!! ¿la campaña?
¡¡falsa cáscara!! ¡blanda! ¡ráfaga!
Alf...¡gagá! Chach...¡lanzallamas...!
Charl...¡Traba all!
Nada pasa...¡Naranja!
¡Mandan ca...chadas! ¡Já!
¡Aaaaaaaaaaaaaaaaaaaaay, mamá!

ió
2003

Nik

225

227

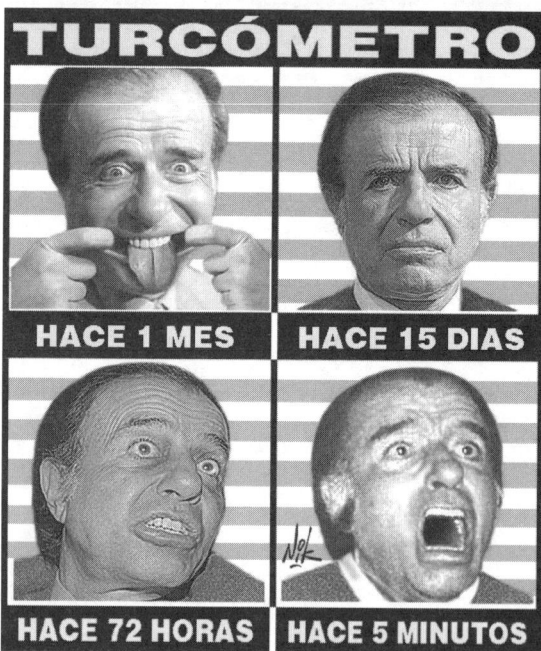

231

Anillaco, año 2002.

¡PERO MIRALO AL HIJITO DE LA CHECHI Y EL CARLO! ¡¡MANOTEA CUANTO BRILLO Y JOYA TIENE A MANO!!

AY...¡¡SALIÓ IGUALITO A LA MAMI!!

UHH...¡SE HIZO POPÓ Y ENSUCIÓ A TODOS LOS QUE ESTÁBAMOS CERCA!

AY...¡¡SALIÓ IGUALITO AL PAPI!!

EVITA

FORMOL

ZULE MITA

EL TÍO ERMAN LE TRIANGULÓ UN SONAJERO

¡Las mejores clases de inglés para lucirse en el cole!

THE VERY BEST OF

The Gaturrou's Brutish English Method

Selected vocabulary:

Tangente *(So people)*

Venganza *(Come, stupid!)*

Derrota *(Broken D)*

Mazapán *(More busard)*

Patrono *(For W.C.)*

Carajo *(Garlic face)*

Patológico *(Logical duck)*

Escarabajo *(Is face down)*

Envergadura *(Otra, plis...)*

Panqueque *(Bread what what)*

Esponja *(Is japanese)*

Decágono *(Need laxant)*

Nómina *(Without girl)*

Bondiola *(007 say hello)*

Ortografía *(Assgraphy)*

Exclusive expresions:

A little police to the air
(Una canita al aire)

It doesn't happend orange
(No pasa naranja)

Suck this tangerine!
(Chupate esta mandarina)

It imports me one Joseph
(Me importa un Pepe)

Politicians & Very Important People:

Bolocco *(You, crazy)*

Di Tella *(Say Cloth)*

Ibarra *(And pass the brush)*

De la Sota *(Of the Ten)*

Bullrich *(Toro rico)*

Jaunarena *(Ja, one sand)*

Machinea *(New machine)*

Alvarez *(To the bar is)*

IT'S ALL JEWEL, WILD BEAST !! (¡ESTÁ TODO JOYA, FIERA!)

LITTLE HAIR FOR THE OLD WOMAN! (¡PELITO PA' LA VIEJA!!)

JE... TO FATHER MONKEY WITH GREEN BANANAS!!

Nik

El presidente De la Rúa visitó Once y Caballito
(President of the Street visit Eleven and Little Horse)

Osvaldo Laport *(Osvald TheDoor)*

Julio Bocca *(July Mouth)*

Mercedes Sosa *(Insipid Benz)*

Cangallo *(Dog Cock)*

San Martín, el gran libertador
(Saint Marteen, the great Avenue)

Sophisticated phrases:

Can can
(perro puede)

jewel never cab
(Joya nunca taxi)

I'm until the hands!
(Estoy hasta las manos)

Hurrah Pepe's wife!
(Viva la Pepa)

The great seven
(La gran siete)

There is not "your aunt"
(No hay tutía)

The pig & the twenty
(La chancha y los veinte)

I don't want more breast
(No quiero más lola)

Go to fry goodlookings!
(Andá a freir churros)

Turkey's nose product
(Moco 'e pavo)

Like ball without handle
(Como bola sin manija)

I don't give foot with ball
(No doy pie con bola)

You drinks me of point
(Me tomaste de punto)

"VERSÍCULO"? EEEH... YES, I SEE...

Delfín: *(of The End)*

234

Aquí me pongo a cantar
al gobierno del Chupete
petardistas a rolete
con bastante adormidera
la alianza es muy findeañera
porque están todos al cohete

Qué grande es la mishiadura
por donde uno mire hay
con tuito ajuste del caray
recortados y achicaditos
como será que el arbolito
este año es un bonsai

De Belén viene llegando
la estrella muy solariega
todo el pueblo en ella brega
que apure un cacho el jinete
si viene al ritmo del Chupete
en Pascuas capaz que llega...

Así es la clase política
te ajustan el cinturón
ellos morfan un montón
avellanas, budines, nueces
te mienten tuitas las veces
con la cara... de turrón

Y hablando del arbolito
del congreso no me olvido
los senadores que han sido
cual colgantes lucecitas
son brillantes con la guita
porque están todos "prendidos"

Y no crean que lo escondo
lo del Turco y su yunta
dejó una herencia difunta
imposible 'e levantar
y la culpa quieren echar
a la misma Primera Junta!!

Unos pinitos navideños
Menem y Bolocco harán
sus adornitos colgarán
pa'que su amor se yecuerde
en sus ramitas hay verde
pero más hay en Caimán

¡GUARDA CON MARTINCHO! ¡¡VINO MAS QUENCHi QUE ANTES!!

El Martín Fierro navideño

¡Más enojado que nunca!

¡¡ME TIENEN RECONTRA REPODRIDO!!

¡ESTOY CON LOS ADORNOS POR EL PISO!

por Nik

Los de ante' y los de ahora
Don Carlito y Mr. Plomo
Fernandito y Menem gnomo
los dos son tal para cuál
los de antes curraron mal
y ahora no hicieron un pomo

Van llegando por el fondo
los del FMI, y me mata
su presencia me abatata
y el que pueda que se raje
¿Digo yo, lo del blindaje?
son calzoncillo' e lata?

Llegan costumbres yanquis
y alguien del Fondo quería
con total descortesía
que en Navidad comamo' pavo
y sería gran menoscabo
quedar con acefalía

También querían que nieve
y que haga flor de tornillo
les dijimos: no es sencillo...
acá hay tufo 'e verano
lo único que hay a mano
es el frío del bolsillo

La Pertiné armó un pesebre
que quedó de rechupete
maniquíes e' yeso, animaletes
posan quieto' e inanimado'
Inés ¡¡No se hubiera molestado
ya tenemo' un gabinete...!!

Festejemos estas fiestas
con castañas de cajú
la pampa tiene el ombú
y el cotur a la shilena
ella canta en nochebuena...
"Abuelito dime tú..."

Y vuá terminar con fé
¡octimismo a tonelada!
la esperanza bien arriada
y les digo: ¡¡hay salida!!
ya se siente la crecida
en la cola e' la embajada

Aunque me duela les digo
no quiero entregar mis cantos
la Argentina de mil encantos
ha tenido un gran crecimiento
sobre todo, y nos les miento,
en la nariz de unos cuántos

Basta plis con los políticos
esto ya no lo soporto
a mejorar los exhorto
ya que el final se aproxima
y no les digo la rima
porque quedo...mal parado

237

Esta edición de 3.000 ejemplares
se terminó de imprimir en
Indugraf S. A.,
Sánchez de Loria 2251, Bs. As.,
en el mes de agosto de 2001.

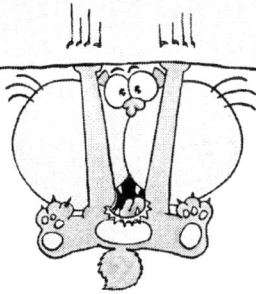